민족지도자

석주
# 이상룡

의병연구소장 이태룡 지음

푸른솔나무

# 민족지도자 석주 이상룡

초판 1쇄 인쇄 2018년 8월 10일
초판 1쇄 발행 2018년 8월 15일

저자 : 이태룡

펴낸이 : 이동섭
편집 : 이민규, 서찬웅, 탁승규
디자인 : 조세연, 백승주, 김현승
영업·마케팅 : 송정환
e-BOOK : 홍인표, 김영빈, 유재학, 최정수
관리 : 이윤미

㈜에이케이커뮤니케이션즈
등록 1996년 7월 9일(제302-1996-00026호)
주소 : 04002 서울 마포구 동교로 17안길 28, 2층
TEL : 02-702-7963~5  FAX : 02-702-7988
http://www.amusementkorea.co.kr

ISBN 979-11-952927-4-5 03910

이 도서의 국립중앙도서관 출판예정도서목록(CIP)은
서지정보유통지원시스템 홈페이지(http://seoji.nl.go.kr)와
국가자료공동목록시스템(http://www.nl.go.kr/kolisnet)에서
이용하실 수 있습니다. (CIP제어번호: CIP2018024736)

# 책을 낸 이유

1945년 광복 후 처음 근대사에 대한 논문이나 역사서는 식민 사학자들에 의해서 이루어졌다. 우리나라와 중국사서 그 어디에도 없는 '단군신화'라는 단어가 1920년부터 일제에 의해 조작됐는데도 그대로 쓰였고, 김부식 등 11명의 편수관이 쓴 『삼국사』란 책명이 『삼국사절요』, 『고려사』, 『고려사절요』 등에 수없이 나오고, 책표지에 '三國史'라고 돼 있는 것을 보고도 『삼국사기』라는 수백의 논저가 나왔다. 첫 단추가 잘못 끼워져 온 지 70년이 지났건만 국사편찬위원회는 아직도 외면하고 있다.

경술국치 후 '왜놈의 종으로 살지 않겠다.'고 일가친척과 함께 만주로 간 사람들이 많았는데, 서간도로 들어간 우당 이회영·백하 김대락·석주 이상룡 등의 가문이 대표적이다.

이들이 처음으로 정착한 유하현 삼원포에서 '경학사耕學社'를 설립하고 그곳 주민의 옥수수 창고를 빌려 '신흥강습소'라는 이름으로 개교하였고, 이듬해 통화현 합니하에 새 건물을 지어 '신흥학교'로 거듭난 것이 1912년 7월 20일(음력 6월 7일)이었다. 신흥학교는 4년제의 본과와 6개월·3개월 과정의 속성반을 병설하여 수시로 찾아드는 애국청년들을 많이 수용하여 광복투쟁에 나서도록 교육을 하였다.

1914년 제1차 세계대전이 일어나자 석주를 비롯한 부민회扶民會 지도자들은 장차 광복전쟁이 일어날 것에 대비하여 군영을 마련하게 되었는데, 그것이 1914년 말 통화현 백서농장白西農莊이었다. '농장'은 종전에 학교 대신 강습소라고 했던 것처럼 중국 당국과 일제의 눈을 피하기 위한 것이었다.

　1918년 제1차 세계대전 종전을 앞두고 미국의 윌슨 대통령이 민족자결주의를 주창하자 만주를 비롯한 국외에서 광복활동을 하던 지도자들은 2천만 동포에게 "육탄혈전"을 요구하는 대한독립선언을 하기에 이르렀고, 광복전쟁을 위한 대규모 군인 양성이 필요하게 되었다. 이에 석주는 "청년을 대대적으로 모집하여 속성과로 훈련시켜야 한다."고 하여, 1919년 5월 31일(음력 5월 3일) 신흥학교는 유하현 고산자에 새 건물로 이사하고 신흥무관학교로 교명을 바꾸었다. 그리하여 고산자에 있던 신흥무관학교 본교는 2년제 고등군사반을 두어 고급간부를 양성하고자 했고, 합니하 등지에 있던 분교는 초등군사반과 3개월·6개월 과정의 일반·간부후보 훈련을 시켰으니, 곧 광복전쟁을 준비하였다.

　석주를 비롯한 지도자와 한인들은 1920년 9월 중국 당국에 의해 신흥무관학교가 폐교될 때까지 신흥강습소·신흥학교 9년 동안 1,500여 명, 1919년 5월부터 이듬해 9월까지 신흥무관학교 본교와 분교를 나온 2,000여 명, 모두 3,500여 명을 길러낸 것이었다.

　청산리전투에 대하여 일반적으로는 김좌진·홍범도·최진동·

안무 장군이 이끈 2천여 명의 독립군으로 일본군 2만여 명을 상대로 1200~1300명을 살상한 전투로 반일무장투쟁사에 빛나는 전과였다고 평가하고 있다

북로군정서는 1920년 3월 사관연성소를 개교하여 6개월 과정의 첫 졸업생 298명을 배출한 것이 그 해 9월 9일이었는데, 그 해 10월 21일부터 10월 26일까지 길림성 화룡현에서 벌어졌던 전투가 청산리전투였다.

그렇다면, 1911년부터 1920년까지 경학사·부민단·부민회·한족회 산하의 군정부·군정서·서로군정서 소속의 신흥강습소·신흥학교·신흥무관학교를 거쳐 배출된 3,500여 명은 다 어디로 갔단 말인가? 이른바 '백서농장'이란 이름을 붙여 5년여 동안 "백두산 호랑이" 김동삼 장군이 지옥훈련을 하며 길러냈던 특수부대원은 다 어디로 갔으며, "만주벌 삼천三天 장군"이라고 국내외에 명성이 떨쳤던 김경천, 신동천(본명 신팔균), 이청천(본명 지청천) 장군이 길렀던 신흥무관학교 졸업생들은 하늘로 사라지기라도 했더란 말인가? 이청천 사령관이 이끌었던 5개 중대 900명과 홍범도 부대와 연합작전을 펼친 교성대 300명은 일본군과 싸우지 않았던가?


경학사 뒤를 이어 부민단·부민회를 조직하고, 이를 확대 개편한 것이 한족회였다. 한족회는 한인사회의 자치기관으로서 서간도의 유하·통화·회인·집안·임강·해룡·흥경 등지의 현에 살던 한인 약 8만 호가 '의무금義務金'을 내고, 그것도 모자라서

석주는 매부와 아들, 조카를 국내로 보내어 토지를 매각하고, 심지어 400년 동안 내려오던 임청각까지 잡혀서 그 군자금으로 서로군정서 산하의 신흥학교·신흥무관학교 생도를 길렀다.

이 책은 『석주유고』를 바탕으로 『독립운동사』, 『독립운동사자료집』, 『백하일기』, 대한민국 임시정부 기관지 「독립신문」과 이덕일과 채영국 등의 논저를 참고하였고, 궁중의 기록과 신문, 일본의 비밀기록이나 문서를 살펴보았으나 식민사학자들이 쓴 것과 이를 바탕으로 한 논저들은 무시했다.

필자는 근대사에서 두 거목을 보았다. 한 분은 의암 류인석 선생이고, 한 분은 석주 이상룡 선생이었다. 의암 선생은 국권회복을 위해 의병장으로 활약하고, 경술국치 후에는 연해주에서 광복활동을 하다가 서간도에서 서거하셨고, 석주 선생은 의병과 계몽운동에 참여했지만 나라를 빼앗기자 간도로 망명하여 헌신적인 노력으로 동포를 한데 뭉치게 하고, 광복전쟁을 할 수 있게 바탕을 닦은 민족지도자였다.

이 책에는 석주의 민족사 연구에 관한 것을 싣지 못했는데, 다음 기회가 있을 것으로 기대한다.

2018년 8월 김해 신어산에서 이태룡 삼가 쓰다

# 임청각 어린이

## 안동고을 금수저 물고서

  경북 안동은 고려 현종 때 안동부安東府로 개편된 후, 명종 때 안동도호부安東都護府, 신종 때는 안동대도호부로 승격되었고, 충렬왕 때는 복주목福州牧으로 개편되었으며, 1361년 홍건적의 침

략으로 피난 온 공민왕을 성심으로 섬긴 공으로 다시 안동대도호부가 되었다가 우왕 9년(1383)에는 안동도安東道로 고쳐 원사 겸 부사를 두기도 하였다.

그 후 이곳 출신의 김방경金方慶·권부權溥 등의 후예들이 고려 후기 지배세력으로 등장하게 되었고, 고려 말 문하시중을 역임한 이암李嵒, 조선 세종조 좌의정을 역임한 이원李原의 후손들이 안동에 자리 잡았으며, 이황李滉이 풍기군수를 끝으로 향리인 예안 온계리(현 안동시 도산면 속리)로 귀향한 후 수많은 인물을 배출하게 되자 "추로지향鄒魯之鄕"으로 불렸다. 임진왜란 때 유성룡柳成龍·김성일金誠一의 활약이 두드러진 이후 안동은 이른바 "양반고을"로 일컬어졌다.

1895년에 지방제도를 개정하여 8도를 폐하고 전국을 23관찰부로 고치면서 안동에 관찰부를 두고 경상도 동북부 16개 군을 관할하게 되었으니, 대구·동래·진주와 더불어 경상도의 4개 관찰부 중 하나로서 행정·문화의 중심지로 거듭나게 되었다.

당시 조정을 살펴보면, 1849년 헌종憲宗이 23세의 나이로 후사 없이 갑작스레 죽자 세도정치의 중심에 섰던 안동 김씨와 풍양 조씨 세력은 무척 당황했다. 젊은 대비 김씨와 왕비 조씨도 왕통을 이을 사람을 물색하면서 서로의 눈치를 살폈다. 철종의 6촌 안에 드는 왕족이 없었지만, 7촌 이상의 왕족은 몇 명 있었다. 왕통을 이을 사람은 항렬로 따져 동생 또는 조카뻘이어야 하는 게 원칙이었다.

그런데, 안동 김씨 세력은 강화도에 살던 헌종의 재당숙인 19

세 원범元範을 왕위에 추대하기에 이른 것이다. 철종은 종묘에서 7촌 조카 되는 헌종에게 절하는 꼴을 보이게 된 것이니, 세조가 2년 동안 단종을 상왕으로 모셨던 것과 유사한 형국이었다.

철종은 아버지와 맏형이 역모사건에 연루되어 죽었기에 왕위에 오르기 5년 전부터 형 경응景應과 함께 강화도에서 땔나무를 하고 푸성귀로 연명하면서 강화도의 유력자이자 종친인 이시원 李是遠 같은 인사들의 도움을 받기도 했지만 고아나 마찬가지의 생활을 하고 있었던 터였다.

강화도에서 5년 동안 자란 철종이 궁중으로 들어오자마자 안동 김씨 세력은 허겁지겁 창덕궁에서 즉위식을 치르고 대왕대비에게 수렴청정을 맡겼다. 대왕대비는 바로 안동 김씨 세도정치의 원조격인 김조순金祖淳의 딸이요, 순조의 왕비이다. 철종이 즉위한 이듬해 3월에 대왕대비는 재빨리 자기의 친정 조카뻘인 처녀를 골라 철종의 왕비로 삼았다. 헌종의 왕비인 조씨 세력이 왕비자리를 넘볼 기회를 주지 않기 위해 서둘러 왕비를 책봉한 것이다. 철종은 어린 시절 역모사건으로 아버지와 맏형을 잃은지라 자신의 안위를 걱정해서 국사를 장인 김문근金汶根 등 안동 김씨 일파에게 맡기다시피 했으니, 실제 왕권을 행사한 것은 김문근과 그 일파였다.

철종 9년(1858년) 11월 24일 경북 안동의 임청각臨淸閣에서 사내아이가 태어났다. 그는 고성 이씨 승목承穆과 안동 권씨 사이 3남 3녀 중 장남으로 초명은 상희象羲였고, 자는 만초萬初, 호는 석주石洲이다.

석주가 태어나기 나흘 전 어전회의가 열렸다.

"이시원을 형조판서로 삼았다."

이시원은 왕가의 종친으로 순조 때 문과에 장원하여 일찍이 벼슬길로 나아가 좌승지, 대사헌, 좌참찬을 지낸 후 향리인 강화도에 귀향했다가 철종이 강화도령 시절 도움을 준 인연으로 다시 형조판서에 제수된 것이었다.

그는 이조판서 등을 지낸 후 향리에서 여생을 보내고 있을 때인 1866년 프랑스 함대가 강화도성을 초토화하고 국가의 보물을 약탈하는 병인양요가 발발나자 '늙어서 적과 싸울 수 없으니 죽어서 귀신이 되어 원수를 갚겠노라'하며, 음독자결을 하였다. 이때 아우 이지원李止遠은 '형이 죽어서 귀신이 되어 적을 치러 나갈 때 나는 말고삐를 잡고 따라 나가겠노라'하며, 뒤따라 자결하였으니, 조선후기 이른바 '강화도파'라고 일컬었던 양명학파 유학자의 모습이었다.

19세기 조선시대 지배계층이었던 유학자는 크게 주자학파와 양명학파로 나눌 수 있었는데, 전자는 경기도 동부와 충청도를 중심으로 한 화서학파와 영ㆍ호남 지방의 퇴계학파가 이를 계승, 발전시켜 오고 있었고, 후자는 강화도를 중심으로 경기 서부의 학풍이었다. 그러나 권력의 핵심에는 안동 김씨와 풍양 조씨 등이 세도정치를 하는 바람에 국가의 기강이 흐트러지면서 민란이 잉태되던 시기였다.

## 조부의 칭찬을 들으며

석주는 고성 이씨 30세손이다. 고성 이씨는 고려 말 문하시중을 역임한 이암李嵒, 조선 세종 때 좌의정을 역임한 이원李原 등 많은 명망가를 배출했는데, 이 가문이 안동에 뿌리를 내리기 시작한 것은 석주의 18대조인 이증李增 때부터이다. 그는 이원의 일곱 아들 중 여섯째로 김종직 문하에 나아가 1453년 진사가 된 후 영산현감이 되었는데, 세조가 왕위를 찬탈하자 벼슬을 내놓고 안동으로 이사하여 살았다.

행촌 이암의 자필과 자화상. 경술국치 직후 일제가 강탈하여 야마구치대학의 '데라우치 문고'에 보관 중임.

이증의 아들 이명李洺과 손자 이굉李肱도 벼슬길에 올랐다가 불의를 보고 벼슬을 내놓고 귀향하니, 당시 사람들이 "3세가 사직하고 고향에 돌아오니 한 집안의 명예와 절조이다."라고 하였고, 석주의 아버지도 1871년 흥선 대원군이 서원철폐령을 내리자 부당함을 상소하기도 하였으니, 불의에 대하여 행동으로 실천하는 가풍은 17대조 이명이 지은 99칸 임청각과 함께 수백 년 동안 이어져 왔다.

석주는 출생한 뒤에 이마가 풍만하고 둥글며, 음성이 크고 우렁찼다. 조부가 기뻐하며 말하기를,

"이 아이의 골상이 범상한 사람과 다르니 후일 반드시 우리 문호를 빛내고 성대하게 할 것이다."

라고, 하였다.

겨우 이를 가는 7~8세 때부터 이미 대범하고 형식에 얽매이지 않으며 계책을 내고 생각을 하는 것이 이따금 어른들을 놀라게 하였다. 부친은 그 호준豪俊한 기개가 너무 지나침을 염려하여 곧 엄정하게 바로잡으며, 또한 순하게 노력하여 법도대로 따르게 하였다.

그가 학문을 배우기 시작하고부터 이해가 매우 빨랐다. 우리나라의 풍속은 어린 아이들을 가르칠 적에 반드시 중국 역사서를 가르치는데 넓고 많아서 두루 통하기가 쉽지 않은데, 그는 관례에 따라 배우고 그다지 깊이 전념하지 않았으나 연대의 차례와 열국列國의 역사를 이해하고 있었다.

7, 8세 되던 여름밤 뜰의 오동나무에 우박이 떨어지는 소리가 났다. 때마침 왕고모부 척암拓菴 김도화金道和가 왔다가 시를 한 줄 써 보겠느냐고 하자, 곧 응하기를,

"밤의 우박은 오동나무 소리 듣고 알겠네."

하니, 척암이 놀라 말하기를,

"말의 기상이 매우 좋으니 장래에 그 명망이 있겠구나." 하고, 칭찬하였다고 한다.

14, 5세에 사서와 모든 경서를 두루 통하게 되었는데, 스승은

집안의 평담平潭 이전李銓이었다. 이전은 퇴계 학통을 계승한 정재定齋 유치명柳致明의 문인으로 초시에 두 번 합격한 실력자이기도 했지만, 석주로 하여금 역사와 함께 시대상황을 살펴볼 수 있는 안목을 길러주었다.

임청각 군자정

# 어른이 되어가면서

## 열다섯에 열아홉 신부

석주는 열다섯 살이 되던 해인 1872년 예안 천전리(현 안동시 임하면 속리)에 살던 의성 김씨 우락宇洛과 혼인하였다. 우락은 우파愚坡 김진린金鎭麟의 4남 3녀 중 맏딸로 석주보다 나이가 네 살 많았다. 석주의 조모도 의성 김씨 학봉鶴峯 김성일金誠一의 10세 종손 김진화金鎭華의 둘째 딸이었으니, 두 가문의 관계를 짐작하기 어렵지 않다.

훗날 우파가 숨지자 퇴계 선생의 12세손 향산響山 이만도李晩燾는 묘지墓誌에서 이렇게 말하였다.

통사랑通仕郞으로서 의금부 도사를 행직行職한 김공 진린鎭麟은 자가 인서仁瑞이다. 금상 을미년(1895) 3월 21일에 돌아가시니 나이는 71세였다. 자식들에게 유언하기를.

"나는 한미한 선비였으니 명정에는 관직을 쓰지 말고 우파거사라고만 쓰라."

라고, 하였다.

아아, 공은 일찍이 과거에 응시하여 벼슬을 구하였으나 얻지 못하
였다. 그러므로 슬피 탄식하는 마음이 없을 수 없었을 것이다. 이
벼슬은 병술년(1886)에 제수되었는데, 그때만 하더라도 조종祖宗의
관제가 아직 남아 있었고, 무릇 덕을 지니고도 등용되지 못한 선비
들이 유일遺逸로 천거되는 이 길을 통하여 벼슬을 받은 자가 많았다.
공이 또한 일찍이 어버이가 살아 계셨기 때문에 이 벼슬을 받았으나
돌아가시던 날 밤에 하찮은 물건 버리듯 하였으니, 그 올바른 수양
과 확실한 수칙은 사람들이 모두 헤아릴 수 없는 것이었다.

(중략)

네 아들을 두었으니 대락大洛, 효락孝洛, 소락紹洛, 양자로 나간 정
락뭘洛이다. 세 딸을 두었는데 이상희李象羲, 강면姜沔, 이중업李中業에
게 출가하였다.

대락은 2남을 두었으니 명식明植과 형식衡植이다. 딸은 이석정李錫
禎에게 출가하였다. 효락은 2남을 두었으니 만식萬植과 제식濟植이다.
소락은 3남을 두었는데 조식祚植이고 나머지는 아직 어리다. 딸은 유
연운柳淵運에게 출가하였다. 정락은 1남을 두었으니 규식圭植이다. 이
상희의 아들은 준형濬衡이고 딸은 아직 어리다. 강면은 4남을 두었는
데 국원國元이고 나머지는 아직 어리다. 이중업은 1남 3녀를 두었는
데 모두 아직 어리다.


우파의 막내딸 김락金洛은 향산의 맏아들 이중업李中業과 혼인
하였으니 두 사람은 사돈지간이었고, 두 집안과 더불어 인척관
계를 맺은 가문에서 나온 순국선열과 애국지사가 얼마나 많았는
지 알 수 있다.

# 열여섯에 아버지를 여의고

석주가 혼인을 한 이듬해인 1873년, 아버지가 서른여섯 살이라는 젊은 나이에 숨지고 말았다. 증조할아버지와 조부모가 살아계신 가운데 아버지가 먼저 세상을 떠나고 보니, 비록 혼인은 하였으나 16세에 불과하였기에 슬픔을 가눌 길이 없었으나 마냥 슬퍼할 수 없었다. 그에게는 어린 남동생 둘과 여동생 셋이 있었기 때문이었다. 그는 슬픔을 억누르고 동생들을 보살피면서 3년상을 치렀다.

3년상을 치른 뒤에 태어난 아들 준형濬衡은 어른들로부터 들은 바를 「선부군유사先府君遺事」에서 이렇게 기록하였다.

> 계유년(1873)에 선대부군先大府君의 상을 당하였다. 약관에 아버지의 상을 당하여 슬퍼함이 예법보다 과도하였으며, 위로 층위層闈(석주의 증조부·조부모를 말함)를 위로하고, 한편으로 어린 아우를 돌보았는데, 모두 그 적의함을 얻었다.

동구 이준형(1875~1942) 의사

# 서산 김흥락 문하에서

석주가 19세가 되던 1876년 조부의 뜻을 좇아 서산西山 김흥락金興洛 문하에 나아가 가르침을 받게 되었다.

서산은 유치명의 문인으로 퇴계학을 정통으로 계승한 학자였다. 일찍이 「졸수요결」과 「입학오도」 등을 지을 정도였기에 1867년 암행어사의 천거로 인릉참봉, 사용원주부, 경상도도사에 임명되었으나 모두 나아가지 않았고, 훗날 사헌부지평, 우부승지, 영해부사로 임명되었으나 사직소를 올리고 나아가지 않고, 학사·의병·광복지사 등 수많은 제자를 양성하였다.

석주가 서산 문하에 나아갔을 당시 조선은 일본의 무력시위에 굴복하여 「조일수호조규」(일명 강화도조약)을 체결하던 시기였다.

일본은 1868년 메이지 유신을 통해 근대화를 이루어가는 과정에서 조선과의 국교교섭을 시도하였으나 국서문제로 인하여 결렬되고 말았다. 그 후 일본에서는 1875년 4월 운양호雲揚號를 비롯한 군함 3척을 동원해 부산에서 영흥만에 이르는 동해안 일대의 해로측량과 함포시위를 벌였다. 이후 8월에는 운양호를 제물포 앞바다에 정박시킨 후 작은 선박을 동원하여 강화도 초지진에 접근하였다. 초지진의 수비병들은 일본 선박을 향하여 대포를 쏘았다. 이는 어떠한 방식으로든 마찰을 원했던 일본에게 좋은 기회였다. 운양호는 즉각 초지진과 영종도를 공격하고, 영종도에 상륙하여 약탈을 자행한 뒤 철수하였다.

일본은 이 사건을 빌미로 개항을 요구하였으나 조선은 일본을 경계하며 냉담한 자세를 취하자 군함 8척과 600여 명의 병력을 강화도에 상륙시켜 압박을 가하기 시작하였다. 일본의 강압이 거세지자 조선은 신헌을 강화도에 파견하여 일본 사신 구로다黑田淸隆와 1876년 2월 27일 조약을 체결하였다.

이러한 시기에 석주는 『대학』을 배우고 이어서 동문의 여러 벗들과 풍뢰헌風雷軒에 묵으면서 의심스럽고 어려운 것을 강론하고 질문하였는데 스승인 서산의 칭찬을 자주 받았다. 집에 돌아올 때 서산은 글로써 권면하기를,

"옛사람이 말하기를, '선비는 마음이 넓고 뜻이 굳세지 아니할 수 없으니, 소임은 중하고 길은 멀기 때문이다.' 하였으니, 그대 같은 사람은 넓음[弘]은 더 힘쓸 것이 없으나 다시 '굳세다.'는 '의毅'에 나아가 공부하도록 하라."

라고, 하였다.

석주는 스승을 직접 뵐 수 없을 때에는 서신을 올려 학문적 역량을 넓혀 나갔음이 『석주유고』에 나타나 있다.


### 서산 선생께 의문점을 여쭈어 올리다

"『중용』 머릿장[首章] 집주의 '성性과 도道가 비록 같지만 타고난 기질과 성품이 혹 다를 수 있다[性道雖同 氣稟或異].'라는 설명에 대하여 근래 「혹문或問」을 읽고 다시 한 설명을 얻었는데. '도를 닦는 것을 교[修道之敎]'로 풀이하는 대목에서 먼저 성과 도를 말하여 사람은 바르고[正] 사물은 치우치다[偏]는 점이 다르다는 것을 밝혔고, 다음으로는 '지나침[過]'과 '미치지 못함[不及]'을 말하되 오직 사람에게만 해

당하는 것으로서, 지혜로움과 어리석음[智愚], 현명함과 불초함[賢不肖]이 다르다는 것을 지적하였으며, 마지막으로 '입교立教'의 의미를 말하되 반드시 사람을 주主로 삼고 사물에까지 추급함으로써 이 도는 해당하지 않음이 없다는 것과 성인의 공효는 이르지 않는 곳이 없다는 것을 밝혔습니다.

그런데, 그 뜻이 만약 '성'이라 하고 '도'라고 하는 것을 사람과 사물이 함께 가지고 있지만, 사물에 있어서는 치우치고 막힌 기질을 받는 것이라도 진실로 '과過'나 '불급不及'이 있다고 말할 수 없지만, 사람을 가지고 말하자면 그 기질과 성품이 혹 고르지 못하기 때문에 지혜로움과 어리석음, 현명함과 불초함, 지나침과 모자람이 있게 된다. 그렇기 때문에 성인이 등급을 나누고 정도를 헤아려 조리를 닦고 규칙을 제정함으로써 천하에 성인이 가르침을 세워, 무릇 과·불급자로 하여금 모두 중中으로 나아갈 수 있게 하고, 이를 천하 사물로 확대 적용하여 역시 그 재질의 마땅함에 따라서 등급을 나누고 정도를 헤아리지 않음이 없게 하였으니, 이른바 사람의 성을 다한다는 것이요, 사물의 성을 다하는 것입니다. 그렇다면 이 한 대목은 반드시 억지로 끌어와서 설명할 필요는 없을 듯한데, 어떠합니까?

그러나 일본 문물이 점차 들어오기 시작하자 석주는 나라와 사직에 대한 깊은 고뇌를 거듭하면서 현실을 헤쳐 나가기 위한 방략으로 다방면의 서적을 탐독하기에 이르렀다.

집에 장서가 수천 권이 있었는데, 날마다 눈을 크게 뜨고 폭넓게 읽었다. 이를테면 천문天文·지지地誌·선기璿璣·옥형玉衡·역기曆紀·율여律呂·산수算數 같은 것을 연구·탐색하지 않는 것이 없었다. 특히 정법政法·실용의 학문에 깊이 탐구하여 은연히 온 세상을 담당할 뜻이 계셨다.

석주의 아들이 회고한 글을 통하여 그가 얼마나 현실 문제를 극복하려고 애를 썼는지 짐작할 수 있다.

　　석주가 24세 되던 해인 1881년에는 이재頤齋 권연하權璉夏를 석문정石門亭에서 뵙고 『중용』을 강론하게 되었는데, 강론이 끝나자 이재는 석주의 견해에 탄복하며 칭찬을 아끼지 않았다고 하니, 그의 학문적 성과를 짐작할 수 있다.

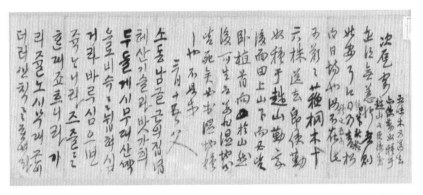

서산西山 김흥락金興洛에게 보낸 부친 탄와坦窩 김진화金鎭華의 편지

# 변복령과 갑신왜란 소식을 듣고

일제침략이 점차 가속화되어 가던 갑신년(1884) 10월 17일(양력 12월 4일)[1] 궁궐에서 큰 사건이 발생하였다.

이른바 '갑신오적甲申五賊'을 앞세운 일제가 군대를 동원하여 궁궐을 침범했던 것이다. 일제는 10대, 20대가 주축이 된 그들의 앞잡이로 하여금 대신들을 죽이고 국왕을 위협하여 정권을 빼앗으려는 갑신왜란을 일으켰던 것인데, 이는 조선의 정치·사회·문화 등 전반에 걸쳐 큰 충격을 주었다.

황현은 『매천야록』에서 갑신왜란을 이렇게 기술하였다.

갑신년 10월 17일 밤에 박영효, 김옥균 등이 반란을 일으켜 대궐을 침범하고 왕을 경우궁으로 옮겼다. 좌찬성 민태호·지사 조영하·해방총관 민영목·좌영사 이조연·우영사 윤태준·전영사 한규직을 조서詔書를 속여서 오라고 하여 모두 죽였다. 환관 유재현은 난을 일으킨 주모자들을 욕하다가 죽었다.

처음 박영효 등은 일본·서양 제국과 통교하여 부강을 누리고자 하였으며, 예로부터 내려오는 국가 풍속을 모두 버리고 서양제도를 배워서 개화의 결실을 맺기 위해 힘썼으며, 왕이 우유부단한 것을 걱정하였다. 또한 정책이 여러 사람에게서 나와 획일적인 법을 실행할 수 없었다. 그래서 비밀리 모의해서 왕을 위협하고 궁을 옮겼다.

민태호 등 수구파 대신 및 장졸을 모두 제거하고 왜인들을 후대해서 군대를 이끌고 와서 청국군을 방어하게 하며 일이 성공하면 하

---

1) 1896년부터 국내외 자료가 대부분 양력으로 기재되어 있어 혼란을 피하기 위해 음력으로 된 자료는 양력으로 환산하여 정리하였다.

고자 했던 것을 장차 차례로 행하려 하였다. 어떤 이는 말하기를, 왕을 꾀어 인천까지 가서 배를 태워 일본으로 들어가 그러한 후에 서양의 민주제도를 모방하고 박영효 등은 국왕을 쫓아내려고 계획했다고 한다. 어떤 이는 말하기를, 8도를 분할해서 적당들이 각기 한 지방씩 점령하여 왕 노릇을 한다고도 하였으며, 어떤 이는 말하기를, 청국과 관계를 끊고 왜를 끼고 왕을 높여서 황제로 삼고자 하였다고도 하는데, 그 후 난의 주모자들이 모두 도망쳐서 심문할 길이 끊어져 마침내 상세한 내용은 얻지 못했다.

서로가 조화된 지 이미 오래매 모의가 차차 누설되었다. 서재필은 윤태준의 이질姨侄이 되는데 마침 윤태준에게 들렀다가 윤태준이 국수상을 받고 있어 함께 먹게 되었다. 윤태준은 박영효의 일파가 사실인지를 물으면서,

갑신오적의 스승으로 갑신왜란 자금을 제공한 케이오의숙慶應義塾(케이오대학 전신) 설립자 후쿠자와 유키치福澤諭吉를 일본인은 '근대화의 아버지'로 칭송하여 최고 액면가 지폐에 넣어 추앙하고 있다.

"장차 대사를 행한다고 하던데 너는 듣지 못했느냐?"

하니, 서재필은 대답하지 않았다. 수저를 놓고 나가더니 오래되어도 들어오지 않아서 이미 달아난 것을 알았다. 윤태준은 크게 노하여 민태호에게 일러바쳤다. 민태호가 말하되,

"영공은 이제야 비로소 들었단 말인가? 나는 벌써 오래되었다. 그러나 일이 의심스러우니 마땅히 대간臺諫에게 취지를 알리고 상소해서 울릉도 사건을 논의하며 김옥균을 궁색하게 만들면 단서가 반드

시 잡힐 것이다."

라고, 하였다. 그때 김옥균이 일본에 가서 울릉도를 팔았다는 말이 있었다. 김옥균 등은 계획한 일이 이미 노출된 것을 알고 앞당겨 일으킬 것을 기약했다. 17일 밤에 우정국에서 연회를 베풀고 제신들을 초대했으나 오지 않았고 오직 민영익만이 이르렀다. 주모자들은 민영익을 친근하게 접대하였으니 일을 은폐하려는 것이었다.

이미 밖에서는 불이 일어났다. 민영익이 보러 뛰어나가는데 한 사람이 갑자기 일어나서 내려치니 귀가 떨어졌으며 어깨에까지 미쳤다. 민영익이 땅에 쓰러진 것을 목인덕穆麟德이 끼고 달아났다. 박영효 등은 급히 대궐로 달려가 궐문 밖 곳곳에 불을 지르게 하고 큰 소리를 외치며 힘을 돋우었다. 중희당重熙堂에 들어가서 기침을 하며 말하되,

"청나라 사람들이 난을 일으켜 긴박하니 상감께서는 잠시 일본 공관으로 가서서 변을 관망하십시다."

라고, 하였다. 왕은 좇으려 하였으나 중전이 말리기를,

"자세히 알지 못하고 서둘러 가시는 것은 옳지 못합니다."

하며, 반대했다. 박영효가 말하기를,

"그러시면 경우궁으로 행차하시는 것이 좋겠습니다."

하고, 온갖 방법으로 위협하였다. 박영교는 앞에 엎드려 왕을 끌어 업고 경우궁으로 들어갔다.

'일병래호日兵來扈'(일본 군대가 와서 호위하라는 뜻-필자 주)

라는, 네 자를 어필御筆로 쓰게 하여 일본 공사관에 전하니, 죽첨竹添 공사는 군대를 이끌고 바로 달려와서 궁의 담장에 돌려 세웠다.

날이 밝자 적당들은 교지를 속여 민태호를 왕이 찾는다고 하였다. 조영하는 민태호에게 이르되,

"사변이 측량하기 어려우니 모든 병영의 군사를 일으켜 원세개袁世凱 진영과 통하여 끼고 들어가는 것이 가히 만전을 보장할 수 있소."

라고, 하였다. 민태호가 말하되,

"상감은 포위된 가운데 있어 수조手詔를 급히 알려야 되는데, 우리가 어찌 가히 들어가지 않느냐? 내가 마땅히 먼저 들어갈 테니, 공은 뒤처리를 잘 하고 들어오라."

라고, 하였다. 조영하도 창졸간에 따라 들어갔고, 민영목 이하 여러 사람도 어지러워 몸 둘 바를 모르다가 또한 감히 들어가지 않을 수 없었다. 이미 들어가니 서재필은 생도들을 데리고 칼을 휘두르며 맞이해 내려치니 차례차례 모두 죽었고, 몸 전체가 많이 떨어져 나갔다. 왕은 그 광경을 바라보고 눈물을 흘리며 괴로워할 뿐이었다. 조영하는 칼을 맞고 바로 죽지 않았으며 큰 소리로 외치기를,

"조선의 법에 누가 문신은 칼을 차지 말라고 하였느냐? 수중에 칼이 있어 너의 무리들을 만 동강으로 베지 못하는 것이 한이로다!"

라고, 하였다. 중관中官 유재현이 어선御膳을 바치니, 김옥균이 발로 차면서 말하기를,

"지금이 어느 시국이라고 한가하게 수라를 올리느냐?"

라고, 하였다. 유재현이 크게 꾸짖되,

"너희 무리들은 모두가 교목귀경喬木貴卿들이 아니냐? 어찌 부족한 것을 걱정해서 천고에 있지 않았던 미치광이 반역을 일으키느냐?"

하니, 김옥균은 칼을 빼어 후려치니 층계 밑으로 떨어졌고, 이것을 본 왕은 벌벌 떨었다. 김옥균은 옥새와 옥로를 들추어내어 박영효에게 주면서 말하되,

"편할 대로 왕 노릇을 하시오!"

라고, 하였다. 반란주모자들은 왕을 해치려는 음모가 있었다고 한다. 심상훈이 말하되,

"대가들이 무능하게 되어 공들을 편안하게 하여줌이 족한데 어찌 제공들은 무엇을 꺼리고 무엇을 탄핵하려 마구 천하의 악명을 범하는가?"

하니, 적당들은 드디어 그쳤다.

이날 우정국 낙성식 연회에 참석했던 청국의 총판조선상무위원 진수당陳壽棠은 즉시 원세개에게 이 사실을 알리게 되자, 원세개는 당시 한성에 주둔하던 청군 1,500여 명을 이끌고 창덕궁을 향해 출동하였다. 이에 일본공사 다케조에竹添進一郞는 일본군을 철수시키기에 이르렀다. 부왜인附倭人들 중에 홍영식과 박영효의 동생 박영교는 조선군과 청군 연합군에 의해 참살되고, 나머지는 일본으로 도주하였다.

일본정부의 지시에 따라 갑신왜란 지휘한 일본공사 다케조에 신이치로 竹添進一郞

그 해 여름 변복령變服令이 내리자 유림을 중심으로 매우 분개하여 석주는 동지들과 대궐에 가서 호소하는 일을 주창하고, 소疏의 초고를 지었는데, 유림의 거장들이 모두 깜짝 놀라 눈을 휘둥그렇게 뜨며,

"따라갈 수 없다."

라고, 하였다.

석주는 일제 앞잡이들에 의해 갑신왜란이 궁궐에까지 미치게 되자 보다 적극적인 자세로 다가섰던 것이었다.

# 과거시험을 보러 갔다가

'왜놈들을 등에 업고 10대, 20대가 설쳐대는 세상으로 변하다니, 이것은 반만년 역사를 가진 나라의 모습이 아니다. 내 기어코 과거시험을 보아 깨끗하고 반듯한 나라를 만들겠노라.'

석주는 마음을 다잡고 과거시험 준비에 박차를 가하여 29세가 되던 병술년(1886) 봄 과거시험을 보기 위해 한성으로 향했다.

그가 본 과거시험은 3년마다 보았던 식년문과가 아니라 경과慶科를 보러 갔던 것으로 보인다. 식년시는 자子·묘卯·오午·유酉가 드는 해를 식년으로 하여 과거시험을 설행하게 됨에 따라 식년시가 되었는데, 식년시는 을유년(1885)이었기 때문이다.

경과는 나라에 경사가 있을 때 임시로 보던 과거시험으로, 별시別試, 정시庭試가 있었고, 경사가 여러 번 겹쳤을 때는 증광시增廣試 등이 있었는데, 병술년 3월 7일 경과정시慶科庭試를 본 것이 『조선왕조실록』에 나온다.

경무대에 나아가 경과정시를 행하였다. 왕세자가 시좌하였다. 문과에서 김양현 등 7인을 뽑고, 무과에서 김호준 등 222인을 뽑았다.

같은 날 실록에는 한성부 하인들이 과거시험을 보러 각지에서 한성으로 올라오는 유생들을 상대로 돈을 갈취하고 있다는 것을 보면, 나라의 기강이 흐트러져 있음을 엿볼 수 있다.

과차科次에 입시할 때 영의정 심순택이 아뢰기를,

"방금 들건대, 경조京兆에서 솜버선을 신는 것을 금단한다고 하면서 과거보는 유생들이 한성에 들어올 때에 한성부의 하례下隷들이 길목을 지키며 돈을 요구하면서 못하는 짓이 없다고 하니, 듣기에 아주 놀랍고 고약합니다. 설사 금단할지라도 애당초 지방의 도에 행회行會한 일도 없이 느닷없이 붙잡고, 또 갈취했으니 더욱이 통분한 일입니다. 평상시에 신칙하지 못한 해당 당상에게 견파譴罷의 법을 시행하소서."

하니, 윤허하였다.

석주가 한성에 도착하여 각지에서 과거시험을 보러 온 사람들을 만나게 되었는데, 그들은 이구동성으로 과장의 방榜에 이름이 붙고 안 붙고는 뇌물에 달렸다는 말을 공공연히 하였다. 그러나 그는 설마하고 과거시험을 본 후에야 그 말들이 실제인 것을 깨닫게 되었다. 석주는 심한 충격과 함께 과거시험에 대하여 깊은 회의를 느끼고 귀향도 하지 않은 채 개성 등지에서 1년여 동안 방황하였다고 「선부군유사」에 기록하고 있다.

병술년 봄에 경시京試에 응시하여 입격하지 못하고 그 길로 송경松京에 가서 유람하다가 1년이 지나서야 돌아왔다.

그리하여 층정層庭(조부모를 말함-필자 주)의 엄한 꾸중을 듣고 서산 선생도 편지를 보내어 경계하였다. 부군은 척연惕然히 뉘우쳐 깨달고 드디어 가정에 여쭙고 과거공부를 그만두고 독서에만 전력하였는데, 마음에 맞는 글을 만나면 밤중이라도 반드시 촛불을 밝혀 바로 급히 써 두었다. 이에 온축蘊蓄한 바가 더욱 풍부하여 깊이를 쉽게 헤아릴 수 없었다.

석주는 귀향 후 조부모와 스승을 찾아 자신의 잘못에 대하여 용서를 빌고, 자신은 학문연구에 더욱 정신하겠다는 결심을 밝힌 후 이를 실천에 옮겼다. 그는 경인년(1890)에 임청각에서 향음주례를 행하고 여러 서적을 두루 고증하여 의식儀式을 만들어 사문師門에 나아가 질정하였고, 이후에는 여강서원廬江書院2)에서 「옥산강의玉山講義」3)를 강론하기도 하였는데, 뜻밖에도 환갑을 지난 지가 수년이나 된 스승이 회시會試에 합격했다는 소식을 접하게 되었다. 회시는 초시에 급제한 자가 한성에 모여 다시 치르는 시험으로 이른바 복시라고 일컫기도 하였다. 조선시대 과거시험은 16세부터 60세에 이르는 장정을 대상으로 하였으나 관리나 명망이 있는 유생에게는 굳이 나이 제한을 두지 않았다.

석주는 기쁜 마음에 스승께 글을 올려 하례하였다.


### 서산 선생께 답해 올리다

여강서원에서 돌아온 뒤 한번 문후했어야 했는데, 나태함이 고질이 되어 생각대로 하지 못했습니다. 이어 강가 정자4)에서 모임이 있었고, 잇달아 다시 속업俗業에 골몰하느라 수십 일을 버렸습니다. 열엿샛날 회시의 급제 소문을 처음 듣고 놀라움과 기쁨이 지극하였습

---

2) 여강서원廬江書院 : 호계서원虎溪書院의 본래 이름. 안동시 월곡면 도곡동에 소재했는데, 임하면 임하리로 이건했다.
3) 「옥산강의玉山講義」: 주자가 옥산현의 수령 사마방司馬迈의 청으로 현의 유생들에게 도의 요체要諦를 밝혀 강설한 것인데, 이것은 유학하는 선비들의 필독서였다.
4) 강가 정자 : 임청각 앞 낙동강 건너 있는 반구정伴鷗亭을 가리킨다.

니다. 바로 편지 올려서 하례하려다가 미처 붓을 들지 못한 즈음에 내려주신 서신이 먼저 이르렀기에 받들어 읽으니 황공하고 부끄러운 마음을 진정시킬 수 없었습니다. 이에 도체道體가 잠깐 손기損氣가 되었으나 섭양攝養이 적절하여 바로 나았고, 계조季祖5)께서,

"과거급제는 작은 일이다."

하셨다고 하나, 어찌 족히 영광스럽고 다행한 일이 아니겠습니까? 더구나 합격한 사람 중에 인재가 가장 많았다 하니 더욱 사람으로 하여금 기운을 돋우게 합니다.

저는 노친의 숙환이 더위를 맞아 더 하시니, 애타는 마음 평소에 비하리까? 과거공부를 감히 통째로 놓아 버릴 수가 없어서 우환으로 골몰한 중에도 약간의 짬만 생겨도 과거공부에 시간을 빼앗기게 됩니다. 재능이 부족한 속된 선비에게는 마음의 병만 된다는 것을 잘 알고 있지만, 다만 부형의 뜻을 갑자기 저버릴 수 없어서 감히 결연히 버리지 못하는 것뿐입니다.

이 글 속에는 그가 "부형의 뜻을 갑자기 저버릴 수 없어서" 과거시험을 완전히 포기하지 못하고 있음이 드러나기도 하였다.

국왕은 서산에게 승정원 우승지·좌승지, 영해부사에 제수하였으나 사직상소를 올리고, 끝내 벼슬길에 나아가지 않았다.

---

5) 계조季祖 : 서산 김흥락은 석주의 스승이지만 조모의 동생이기 때문에 그렇게 호칭한 것이다.

# 국권회복을 위해

## 갑오년, 비극이 겹치다

갑오년(1894)에 들어서 조부가 세상을 떠나자, 석주는 선친을 여읜 후부터 20여 년 동안 가족을 보살펴주신 은혜를 생각하여 시도 때도 없이 곡하며 슬퍼하였다. 더욱이 불과 7년 전에 지중 추부사를 역임했던 증조부 이찬李瓚께서 작고했을 때 칠순에 가까운 나이에도 불구하고 3년상을 치르면서 효를 다했던 조부가 아니셨던가!

석주는 그 해 5월 말 조부를 안동 월곡면 도곡동 선산으로 모신 후 그곳에 있던 옛 집으로 이사하였다. 임청각에서 도곡동까지 왕복 1백리가 넘는 길을 오가면서 3년상을 치르기가 어렵기도 하거니와 전라도에서 시작된 동학농민군의 기세가 경상도까지 크게 미쳐, 전라도와 인접한 산청, 진주, 하동 등지는 말할 것도 없고, 경주, 흥해, 청하, 영덕, 영양, 영해, 상주, 안동으로 점차 그 열기가 더해 가고 있었고, 무엇보다도 일본 군대가 대궐을 침범하고 국왕을 겁박하여 부왜인들로 내각을 구성했다는 소문이 들려왔기 때문이었다.

'왜놈 군대가 궁궐을 침범하다니……! 3백 년 전 임란壬亂 때와 같은 것이 아닌가! 왜란이 일어난 것이야, 왜란이……! 나라의 운명이 풍전등화와 같으니, 이를 어찌 할꼬!'

갑신왜란이 있은 지 10년이 지난 갑오년(1894) 4월 2일(양력 5월 6일), 조선 조정은 전라도와 충청도에서 일어난 동학농민군을 진압하는 양호초토사로 홍계훈을 임명하고, 장위영 5개 대대를 지휘하도록 했다.

호남으로 내려간 홍계훈은 관군이 동학농민군에 비해 장비를 제외하고는 모든 면에서 열세를 면치 못하자, 우선 군대를 더 보내 달라는 보고를 하다가 마침내 청국에 원병을 요청해 줄 것을 전보로 간청하기에 이르렀다. 이 전보를 받은 조선 조정은 어전회의를 열어 좌의정 조병세의 반대에도 불구하고 민영준으로 하여금 청국 원병을 요청하게 했다.

그리하여 그 해 5월 2일(양력 6월 5일) 청국군 1,500명이 인천에 도착한 후 충청도 아산만으로 향했는데, 일본군이 텐진조약(1885년)을 구실로 나흘 뒤에 인천에 상륙하여 한성으로 들어왔다. 일본군은 보병 3,000여 명, 기병 300여 명의 대규모 부대였는데, 이어 2,000여 명의 육군과 해군이 증파되었다.

　일본군은 한성에 머물면서 청·일 양국에 의한 이른바 조선의 '내정개혁'을 주장하자, 청국은 그 제의를 거절하고 함께 철군할 것을 요구했다. 일본이 주장한 내정개혁은 청국과 전쟁을 하기 위한 구실에 불과했으며, 속셈은 조선 침략과 내정간섭을 용이하게 하기 위한 준비작업으로써 정치적 혼란을 부추기고 부왜인을 정치 전면에 내세우려는 의도였으므로 조선정부는 일본군의 철수를 무려 12차례나 요구하였다. 그러나 일본은 그 요구를 묵살한 채 단독으로라도 내정개혁을 한 후 철군하겠다고 버텼다.

　마침내 그해 6월 21일(양력 7월 23일) 새벽 4시, 일본공사 오토리大鳥圭介는 일본군 여단장 오시마大島義昌 소장이 거느리는 군대를 이끌고 궁성을 폭파하고 경복궁으로 쳐들어와서 겉으로는 흥선 대원군을 실권자로 추대하고, 실제로는 부왜인으로 구성된 내각을 세우는 갑오왜란을 일으켰다.

황현은 『매천야록』에서 이렇게 기술하였다.

대조大鳥는 새벽에 군대를 지휘하고 경복궁에 들이닥쳐 문을 부수고 돌입하여 별전에 이르니, 호위하는 군사와 시신侍臣은 모두 달아나고 오직 왕과 왕비만이 남았는데, 번뜩이는 칼날에 떨며 몸 둘 바를 몰랐고, 들어온 연고를 힐문詰問하려 하였으나 곁에 통역관이 없었다.

그날 새벽 일본군을 따라 경복궁으로 쳐들어왔던 부왜인은 김가진, 안경수, 유길준, 조희연 등 10여 명이었다. 일본은 김홍집을 영의정으로 삼아 초정부적인 군국기무처를 만들어서 조선의 문물제도를 일본식으로 바꾸기 위해 법을 제정하는 작업을 추진했는데, 실제 작업은 일본인 고문관 50인이 맡았다.

이리하여 조선에서 최고 실권자는 일본공사가 되어 3개월 만에 200여 개의 법령을 바꾸거나 만들었으니 나라는 온통 질서를 잃고 혼란에 빠지고 말았다. 특히 관리의 임용 제도를 과거제에서 임명제로 고쳐서 당시 "왜학도倭學徒"라고 불리던 일본 유학생 출신 2, 30대 청년들과 갑신왜란 때 도망갔던 부왜인들을 불러들여 요직에 앉혀 그들의 앞잡이로 삼았으며, 불량배와 다름없는 소인배나 소외되어 왔던 서자들을 높은 관리로 등용하니, 사람들은 부왜내각의 관료들을 '변법소인變法小人'이라 여겨 "왜대신", "왜관찰", "왜군수"라 일컬었다.

이 같은 문물제도의 변혁이 왕정을 폐하고 민주정치를 위한 발전적인 개혁이었거나, 배달겨레의 삶을 향상시킨 것이었다면 '갑오개혁'이라 할 수 있겠지만, 이는 어디까지나 관제를 일본식으로 바꾸고 우리의 전통 질서를 무너뜨렸으며, 부왜인들을 중용하여 일제침략을 용이하게 하기 위한 억압 변혁이었기에 '갑오억변甲午抑變'이었고, 일본공사가 군대를 동원하여 궁궐을 침범했기에 갑오왜란이었다.

당시 조선은 일본의 경제 침투로 인한 경제 파탄, 갑오농민군의 봉기로 인한 사회적 혼란과 함께 새 법령 집행으로 혼란의 도가니에 빠졌지만, 일본 입장에서는 갑오년에 경장更張을 이루어 조선 침략의 확고한 기틀을 세운 바가 되었기에 '갑오경장'이 될 만한 사건이었다.

석주는 선산 아랫마을 옛 집으로 이사한 후 낮에는 어린아이들을 가르치면서 농사를 짓고, 밤에는 병학兵學을 연구하면서 '왜란'에 대비하기 위해 약 200년 전 거제부사 변진영邊震英이 저술한 『노해弩解』에 기술된 내용을 바탕으로 공인工人을 구해서 연발로 쏘는 석궁을 만들어서 이를 시험 발사해 본 것도 그 중 하나였다고 하니, 일반인이 생각할 때는 석주가 유학자로서는 기상천외한 행동을 하고 있다고 볼 일이었다.

그런데, 그 해 여름 여러 곳으로부터 통문이 날아들었다. 일본군이 궁궐을 침범한 것에 대하여 의병을 일으켜야 함을 역설한 내용이었다. 이른바 국권회복기國權恢復期 전기의병이 대규모로 일어났던 안동 갑오의병을 일으키자는 통문이었다.

# 갑오의병 일어나다

1894년 7월 2일(양력 8월 2일), 충청도 공주 출신의 유생 서상철徐相轍은 안동을 비롯한 영남 일대에 의병 궐기를 호소하는 통문「호서충의 서상철 포고문」을 발송하였다.

······풍신수길豊臣秀吉 이래 조선의 원수인 왜군이 왕궁을 침범하여 국왕을 협박하는 왜란을 일으켜서 도성을 제압하고 지방까지 침입하니 조선은 중대한 사태에 직면했다. 여기 조선은 거족적으로 봉기하지 않으면 안 됨에도 불구하고 조정에 있는 신하는 자각하지 않고 왜적의 부름에 응해 입각入閣하는 것은 심히 우려할 일이다. ······.

통문의 요지는 일본공사가 일본군을 동원하여 궁궐을 침범하고, 국왕을 위협하여 내각을 임의로 교체하는 갑오왜란을 일으켰는데도 오히려 여기에 참여한 부왜인들에 대한 비난과 함께 의병을 일으키고자 하니 7월 25일(양력 8월 25일) 안동향교에 모여 일본군과 부왜인을 토벌하자는 것이었다.

그 통문이 경북지방 유림의 대표격이던 향산響山 이만도李晚燾에게 도달한 것은 7월 14일(양력 8월 14일)이었다. 향산은 퇴계의 후손으로 30여 년 전 문과에 장원급제하여 홍문관 수찬, 사헌부 사간, 양산 군수 등을 거친 후 벼슬을 내놓고 제자를 기르던 학자였다.

그가 향산을 찾은 날은 그달 20일이었는데, 향산이 그의 취지를 적극 지지하자, 이어 안동 일대의 주요 인사들을 방문하고 동참을 호소하였다. 비록 안동부의 방해로 7월 25일 향교에서의 거사는 실패했지만 음력 8월초에 안동지역에서 2,000여 명의 의병이 일어났다.

안동향교

그가 이끌었던 안동의병은 일본군의 병참부대가 있던 함창 태봉을 공격하려고 준비하던 중, 8월 25일(양력 9월 24일) 안동 근처로 정찰활동을 벌이던 다케우치竹內 대위를 체포하여 처단하고, 5일 뒤에는 토고藤後 소위가 인솔하는 공병대 25명과 태봉에서 전투를 벌였다. 이 전투에서 의병 2명이 사망하고 부상자가 다수 발생하였으며, 화승총 103정, 동전 9관문 등을 일본군에게 빼앗긴 후 청풍 방면으로 후퇴하고 말았다.

음력 9월초에 부왜내각에서 관군 200여 명을 파견하여 일본군에 합세시켜 압박을 가하자, 서상철의 잔존부대는 충북 제천·청풍 일대에서 전투를 하고, 경기도 이천 단월전투를 벌인 후 9월 20일(양력 10월 18일) 광주 곤지암전투에서 패한 뒤 해산되고 말았다.

석주는 조부의 장례를 치른 지 채 두 달도 되지 않은 상중의 몸인데다가 집안 어른들의 만류로 직접 참여하지 못한 가운데 서상철이 이끄는 의병은 두 차례 전투를 치른 후 충북지역으로 옮겨 갔던 것이었다.

# 국모의 원수를 갚아야

일제가 갑오왜란을 일으켜서 그들 앞잡이 내각을 세우고, 조선정부가 청일전쟁 때 일제에 협력하는 바람에 청국과의 전쟁에서 쉽게 승리하게 되었다.

이듬해인 1895년 한가위가 지난 지 5일째가 되던 8월 20일(양력 10월 8일) 새벽, 일본공사 미우라三浦五樓는 김홍집, 우범선, 유길준, 이두황, 이진호, 조희연 등 부왜인들을 앞세워 궁궐에 난입하였다. 당시 조선 왕비를 참살하기 위하여 이른바 '여우사냥'에 동원된 일본 수비대 병력은 3개 중대 500여 명, 칼잡이 자객 60여 명, 일본 순사대 100여 명, 조선 훈련대 병사 500여 명이 동원되었다.

일본공사는 민비閔妃(1897년 11월 5일 명성황후로 추증됨)를 참살한 후 석유를 끼얹은 나무장작불에 왕비의 시신을 던져 불태우고, 타다 남은 뼈를 궁궐 뒷산에 묻어버린 천인공노

국왕은 왕비의 뼈를 찾아 숨겨 두었다가 뼈에 석회를 발라 인체의 형태를 만들고, 그 위에 옷을 입혔다.

할 만행에 대하여 『매천야록』에는 이렇게 기록되어 있다.

일본공사 삼포三浦五樓는 외부에 공문을 보내 말하기를,

"일전의 병변兵變6)은 밖에 전해졌는데, 본월 초8일 새벽, 훈련대가 대궐 안으로 돌진해서 소원訴冤7)했는데, 편복便服을 한 일본인 약간 명이 섞여 들어가서 난폭한 일을 저지르는 것을 보았다고 하니, 본 공사는 비록 이 말이 잘못 전해진 것을 알고는 있으나 사건의 관련성이 긴박하고 중요한 것이니 그대로 내버려 두는 것이 옳지 못한 것으로 번거롭지만 귀 대신은 확실히 가부를 조사해서 회답해 주시오." 라고 했다.

김윤식이 회답 공문을 통해 말하기를,

"우리 군대를 조사해 보니 당일 대궐에 나아가 소원할 때에 만약 시위대와 만나면 자세히 구별할 수 없어서 충돌할 우려가 있었던 까닭에 외국 복장으로 가장하여 서로 격투를 벌이는 일이 없도록 기했던 것이며, 그들은 일본인이 아니었음으로 회답합니다."
라고, 말했다.


일본공사가 '이번 사건에 일본인이 가담되었다는 말은 잘못 전해 것을 알지만, 확실히 조사해 달라'고 하자, 조선의 부왜내각 외무대신 김윤식은 이번 사건에 훈련대 군인이 외국인 복장으로 가장한 것이기에 일본인이 아니라고 한 것이다. 이 내용은 실제 외교문서에도 이와 같이 조작해 두었다.

국왕과 문무백관들은 일제와 부왜인들의 만행에 치를 떨었지만 궐내에도 일본 군경과 부왜인들이 득실거려 아무 말도 못하고, 오히려 일본공사와 부왜내각은 참살된 왕비에게 죄를 씌워 "폐서인"을 강요하기에 이르렀다. 왕과 왕세자가 죽기를 각오하

---

6) 병변兵變 : 을미왜란을 조선 병사들끼리의 싸움으로 조작한 용어
7) 소원訴冤 : 원통한 일을 관청에 호소하는 일

고 거부하자 내부대신 유길준의 제안으로 왕비를 '빈嬪'으로 강등시켰다. 게다가 더욱 가증스러운 것은 일본공사와 외부대신 김윤식이 주고받은 외교문서에서 왕비가 시위대와 훈련대 병사들의 싸움으로 인하여 행방불명되었다고 날조한 것이었다.

일제의 천인공노할 만행과 그들 앞잡이들과 주고받은 뻔뻔스런 언동에 '국모國母의 원수를 갚아야 한다[國讐報復]'는 상소와 일제의 소행을 알리는 방이 나붙기 시작하더니, 공주영장 출신 문석봉文錫鳳이 의병을 일으켰다.

그는 경북 현풍 출신으로 1895년 2월 공주영장으로 있으면서 갑오왜란을 일으킨 일제를 몰아낼 것을 계획하고 영병 400여 명을 훈련시키다가 피체되어

中樞院議長金允植

일제의 '병합기념조선사진첩'에 총독 다음 인물로 등장한 부왜인 자작 김윤식

4개월의 옥고를 치렀다. 옥에서 나온 후 일제를 몰아내기 위해서는 혼자 힘으로는 거사를 도모하기가 어렵다는 것을 실감하고 경상도와 충청도를 다니면서 상주 좌영장 최은동崔殷東, 우국지사 김문주金文柱·오형덕吳亨德·노응규盧應奎 등과 교유하면서 기회를 엿보다가 마침내 11월 4일(음력 9월 18일), 충남 유성에서 '국수보복國讐報復'을 기치로 거의하기에 이르렀다.

그는 선봉장에 김문주, 중군장에 오형덕, 향관에 송도순宋道淳

으로 하는 유성의진儒城義陣을 편성하여 회덕으로 진군하니 따르는 의병이 1,000여 명에 이르렀다. 그는 회덕 관아의 무기고를 급습, 무기를 탈취하여 의병들을 무장시켜 진잠을 거쳐 공주를 점령하기 위해 진격하였다.

그는 병법에 능숙한 무과 출신이고 지휘 경험이 많은 무장이었지만, 관군과 일본군으로 편성된 연합부대와의 전투에서 다수의 사상자를 내고 경상도 지역으로 패퇴할 수밖에 없었으니, 거의한 지 1개월 만인 12월 4일이었다.

그는 경북 고령, 경남 초계(현 합천군 속면) 등지를 돌면서 오형덕, 노응규 등과 재기를 도모하기 위해 고령군수 조시영에게 원조를 요청하고, 이어 감역 윤희순으로부터 군자금 지원의 약속을 받기도 하였다. 한편, 초계군수 신태철은,

"관에서 상금 만금을 그대들에게 걸고 있으니 잠시 숨어 후일을 도모하시오."

하며, 이들의 안위를 걱정해 주기도 하였다. 그러나 결국 고령군수의 고변으로 대구부에 구금되고 말았으니 1896년 1월 8일(음력 11월 24일)의 일이었다.

문석봉은 대구감옥에서 옥고를 치르면서 몸이 극도로 쇠약해졌음에도 불구하고 재거를 위해 그 해 봄 최은동, 오형덕 등과 함께 파옥, 탈출하여 과천의 자택에 도달했지만 이미 그의 집은 일본군에 의해 불태워지고 없었다.

문석봉의 재거의를 위해 노력하던 노응규는 그 해 2월 안의(현 함양군 속면)에서 거의하여 진주성을 점령하게 되자 문석봉

은 한성으로 가서 국왕을 알현하여 충의를 인정받고, 이어 흥선 대원군으로부터 격려의 말을 들었다. 그는 원주로 내려가 각지의 의병장들에게 통문을 돌리기도 하였으나 병세가 악화되어 고향으로 귀환한 후 결국 병사하고 말았다.

　문석봉 거의는 을미왜란 이후 국수보복의 기치로 의병을 일으킨 첫 사건이었으니 전기의병의 기폭제가 되었다.

　이어 평북 강계에서 김이언金利彦·김창수金昌洙(김구金九)의 의병투쟁이 이어졌고, 각처에서 의병이 일어나기 시작하더니, 그 해 12월 30일(음력 11월 15일) 부왜내각에서 단발령을 내리자 배달겨레는 분연히 일어섰다.

　충청도 홍주의병이 홍주부에 들어가고, 경상도 안동의병이 안동부를 점령하였으며, 강원도 춘천과 경기도 가평 등지에서 의병이 일어나서 강원관찰사가 살해되고, 경기도 지평의병이 원주를 거쳐 제천으로 향하는 등 의병이 전국 곳곳에서 일어나는 바람에 궁궐의 시위대와 일본군은 의병을 진압하기 위해 각지로 떠났다.

# 일가친척 모두 의병으로

갑오왜란 때 거의했던 안동지방 유림에서는 을미왜란이 일어나자 민심이 극도로 격앙되어 있던 중에 단발령이 내리니 의병을 일으키고자 하는 통문이 나돌기 시작하였다. 안동의 유학자 곽종석, 전 도사 김도화, 전 지평 김흥락과 권진연, 강육 등의 통문이 도는가 하면, 예안(현 안동시 속면)에서도 유생 이만응·금봉술, 전 목사 이만윤, 진사 김수현, 전 승지 이중봉 등 가문마다 통문을 내니, 안동지방이 크게 술렁이었다.

마침내 1896년 1월 17일(음력 12월 3일), 수백 명의 의병이 안동부를 점령하니 관찰사 김석중은 달아나고 말았다. 김흥락·유지호 등을 중심으로 한 안동의병은 안동의진을 구성하고 전 참봉 권세연權世淵을 대장으로 추대하였다. 또 안동부에서 멀지 않은 선성에서 이만도를 대장으로 하는 선성의진(일명 예안의진)이 형성되어 함께 호응하니, 안동지방은 의병의 기세로 크게 떨쳤다. 권세연은 격문을 각 지방으로 보냈다.

아! 저 왜놈들은 계급으로 말하면 2백 년 동안 우리에게 조공을 바치던 나라요, 원수로 말하면 4백 년 동안 우리가 이를 갈던 적이니, 설사 성의와 호의로 우리에게 화친을 청한다 해도 오히려 그 놈들을 죽여 없애고만 싶고 똑바로 보기도 싫은데, 감히 방자하게 간사한 꾀를 부려 까닭 없이 트집을 만드는 것입니다. 그래서 망명한 역적과 결탁하고, 무뢰배들을 종용하며, 한 가지 기술의 장점을 과장하여 우리 용기를 좌절시키고 오영五營의 군사를 억압하여 우리

수족을 놀릴 수 없게 하여, 우리 임금을 협박하고, 우리 대신을 죽이고, 연호를 황제의 예로 쓰게 한 것은 중국과 이간을 붙이자는 수작이요, 재정을 내어 구제한다는 것은 어리석은 백성을 우롱하는 데 불과하며, 열성列聖의 헌장憲章을 함부로 고치고, 선왕의 법복을 강제로 무너뜨리며, 악독한 손길이 대궐 안에 뻗치니 신자臣子로서 차마 말할 수 있는 일입니까?

을미 12월<br>
경상도 안동창의대장 권세연 격檄함

권세연의 격문에는 일제에 대한 적개심과 부왜내각에 대한 증오심이 강렬하게 나타나 있다. 또한 이러한 적개심과 증오감은 의병에 나섰던 사람들에게만 국한되는 것은 아니어서 의병의 깃발이 휘날리는 곳에 민중들이 적극 호응하여 거의 후 10여 일만에 그 수효를 헤아릴 수 없을 정도로 늘어나서 그 비용이 엄청나게 되었다. 이에 부호들도 재물을 내놓았는데, 특히 석주는 권세연 의병장이 외숙부였고, 처음 안동의병을 이끈 의병장 김흥락이 스승이었다.

석주는 스승과 외숙부의 통문을 접하자,

"초야의 사람들도 국난에 사명을 다해야 하는 의리가 있다. 공사의 의리가 중한데 상중의 몸이라 하여 외면할 수 없다."

하며, 임청각으로 돌아와서 외숙부와 스승의 거의를 도왔다.

1월 28일, 도망갔던 관찰사 김석중이 친위대 관군을 이끌고 갑자기 쳐들어오니 의진에서는 항전을 시도했지만 훈련된 관군의 체계적인 공격을 당해내지 못하였다. 이튿날 안동읍은 관군의 수중에 장악되고 말았다.

군부에서 고시하기를,
"친위대가 안동의 폭도暴徒(의병-필자 주)를 토벌하여 제1진을 격파하였으며, 29일에는 제2진을 격파하고 안동부에 들어가 주둔하였다."
하였다.

- 『조선왕조실록』. 1896년 1월 31일

호계서원 : 원명은 여강서원廬江書院이다. 안동시 월곡면 도곡동 소재(임하면 임하리로 이건)

관찰사 김석중은 읍내 유지들의 집을 수색하고 방화하는 등 분풀이까지 하니 그 광경이 매우 참혹하였다. 이에 안동부민들은 다시 거의하여 안동부를 점령하였다.

안동의병은 안동부에 입성한 후 의진을 재구성하게 되었다. 권세연 의병장이 안동부를 빼앗기고 패퇴한 것과 이 과정에서 목숨을 잃은 의병이 많았던 것에 대하여 자진 사퇴했기 때문이었다.

3월 13일 안동의진은 김도화金道和를 대장에 추대하고, 유난영을 도총으로 하였는데, 김도화는 금계 의성 김씨 중심의 여강서원廬江書院 유림 대표였고, 유난영은 하회 풍산 유씨 중심의 병산서원屛山書院 유림을 대표하는 명망가였다.

그리고 영양의 김도현, 진보의 허훈, 선성의 이인화, 의성의 김상종 등이 이끄는 의진이 형성되어 안동의진과 서로 호응하며 기세를 올리고 있지만, 의병이 훈련을 받은 군인이 아니라서 어려움이 많다는 소식을 전해들은 석주는 왕고모부 김도화 의병장께 서신을 올렸다.

척암 김공께 올리다

친상親喪 중에 있는 몸이라 형편 상 달려 나아가 명을 받들 수는 없지만, 저의 우려하는 마음은 의진에 계시는 여러분보다 못하지 않습니다. 일찍이 짧은 서한으로 저의 충정을 진달하려 하였습니다만, 또한 보고 들으시는 데에 장애가 될까봐 붓을 잡았다가 그만 둔 적이 여러 번입니다. 일전에 아우 봉희鳳羲로 하여금 전하게 하신 꾸중과 가르침은 절실하고도 지극하여 공적으로나 사적으로 송구함을 이길 수 없습니다.

대저 세상 물정에 멀고 성근 백면서생으로 평소 군려軍旅의 일을 익히지 못하였으니, 그 두서를 알지 못했으며, 또 이렇게 된다고 예상하지도 못한 것은, 오히려 이상할 것이 없습니다. 무엇 때문이겠습니까? …

엎드려 바라건대, 막하를 엄격하게 신칙하시고, 군졸을 조직하고 대隊를 나누어 교련하여 규율에 들어오게 함으로써, 한편으로는 활을 만든 뒤 험지에 매복하여 방비하게 하고, 각 방면으로 명령을 전하여 군량미를 실어오게 하되 사치를 금하고 낭비하지 못하게 하며, 술객術客들을 모두 쫓아내어 요사한 말로 군중을 미혹시키지 못하게 하고, 원근 사우간에 성실하고 미더우며 널리 들어 지식이 풍부한 인사들과 더불어 마음을 성실히 하고 일을 돈독히 하여, 한 일정한 지역을 차지하고 전투력을 기른다면 천만 다행이겠습니다.

안동의진에서 대장으로 추대된 척암拓庵 김도화와 지휘장을 맡은 서산西山 김흥락은 의성 김씨 문중을 대표하는 유학자였다. 석주의 조모가 서산의 누나였으니, 조모 쪽으로 따지면 서산이 진외종조부요, 아내로 따지면 처종숙부이다. 척암은 석주의 왕고모부이자 서산의 종숙이었으니, 한참 어른으로 석주의 증조부가 생존해 있을 때인 10여 년 전까지 임청각에 와서 함께 시국을 논하면서 시문을 읊조린 벗이었다.

석주는 척암에게 '오합지졸로는 장량이나 진평이라도 군사로 부릴 수 없다', '무기가 없으면 병사가 용맹해질 수 없다', '재물을 아껴야 한다', '인재를 널리 구하라' 등의 건의를 한 것은 당시 유생들로 구성된 의진의 지휘부가 군대에 관한 기본적인 지식이 없고, 무기도 갖추지 못한 채 규율이 없는 오합지졸임을 지적한 것이었다.

한편, 호좌의진에서 의병모집을 하러 원용정과 함께 영남지역으로 내려온 서상렬의 손에는 당시 유림을 대표하는 유인석의 격문이 들려 있었던 터라 안동을 중심으로 한 각지의 의병들이 모여들었고, 이미 활동하던 의진에서도 호응하였다.

안동의진에서는 중군장 권재호(일명 권문팔)로 하여금 의병 250명을 보냈고, 예안·풍기·순흥·영천·봉화 등지의 의병들이 예천에 모여 서상렬을 맹주로 삼고 백마를 잡아 피를 마시며 맹서하였다.

> 1. 역적의 편이 되지 말 것.
> 2. 중화中華 제도를 변경하지 말 것.
> 3. 죽고 사는 것으로 하여 마음을 바꾸지 말 것.
> 4. 두 마음을 가지고 자신의 일을 생각하지 말 것.
> 5. 적의 동정을 보고도 나가지 않는 일이 없을 것.

> 무릇 우리들같이 맹서한 여러 진은 맹서가 끝난 후에는 서로 좋은 말을 하며, 한결같이 약속을 준수하여 춘추대의를 밝히며, 사람과 짐승의 큰 구분을 갈라서 나라 안을 깨끗이 하고, 왕실을 튼튼하게 한다. 이 맹서를 지키지 않으면 신과 사람이 함께 벨 것이다.

서상렬은 호좌소모토적대장湖左召募討賊大將에 올라 안동 인근의 수령 중, 부왜내각의 편에서 백성을 다스린다고 인정되는 예천군수 유인형, 의성군수 이관영, 영덕군수 정재관 등을 참수한 다음, 인근 의진들과 연합하여 상주에 있는 일본군 병참기지를 공격하였다.

그러나 석주가 염려한 대로 군대에 관한 지식이 없던 유생 중심의 지휘부와 훈련이 안 된 농민들로 구성되었던 의병들은 전투가 벌어지자마자 우왕좌왕하며 흩어지기 시작하니 전세는 크게 불리했다. 다행히 서상렬은 선전관 출신이었기에 부하들을 지휘하여 적 수십 명을 베고 예천으로 회군하였으며, 다시 의병 장령들을 위무하고 군사를 모집하여 훈련하니 예천지역 의병이 3,000여 명에 이르렀다.

이 무렵 안동부 신임 관찰사 이남규는 '서상렬이 이끄는 무리를 만나 부임하지 못하고 후퇴하였으므로 체차해 주기를 청하는' 장계 아닌, 사직소를 올리기에 이르렀다.

> 길이 대부분 차단되어 제대로 관내에 들어갈 수가 없었으므로 십리 거리를 수십 리나 돌아가고 하루 걸릴 길을 사나흘이나 걸리면서 어렵게 상주 경내에 이르렀습니다. 그때 서상렬이라는 자가 자칭 호좌소모토적대장이라고 하면서 안동부에 소속된 여러 고을을 호령하여 3,000여 명의 무리를 거느리고 예천군을 점거하였는데, 전 관찰사와 군수 3인이 모두 피살되었고 나머지 피살된 백성들도 이루 헤아릴 수가 없으며, 함창에 주둔해 있던 일본 군대와도 이미 교전이 있었습니다.
> - 『승정원일기』. 1896년 3월 16일(양력 4월 28일)[8]

3월 26일, 서상렬이 이끄는 연합의병은 함창 태봉에 있는 일

---

8) 『조선왕조실록』은 1896년부터 양력으로, 『승정원일기』는 음력을 기준으로 적고 있다.

본군 수비대에 대한 1차 공격을 한 다음, 의병모집을 하는 과정에서 안동의진의 소모장 김준모가 관군과 일본군의 공격에 의해 순국하기도 하였으나 29일에는 연합한 의진의 의병들이 태봉을 향하여 진격하였다. 선성의진이 앞장서고, 풍기·영천·순흥의 세 의진이 그 뒤를 따라 나아가는데, 군사들이 들판에 가득 찼으며, 혹은 산에 오르고 혹은 길을 따라 뒤에서 기다리는 형국이었다.

이때 관군과 일본군 대구수비대는 연합작전을 펼쳤기 때문에 치열한 공방전이 벌어지게 되어 산 위아래에서 대전하고, 혹은 언덕을 안고 격전을 치른 지 9시간이 되니, 의병들은 차츰 흩어지기 시작하였다. 서상렬은 앞장서서 독전하였지만 무너지는 진세를 유지할 길이 없어 부득이 예천·안동·풍기 방면으로 집결하여 다시 싸울 것을 계획하는 수밖에 없게 되었다.

당시 의병을 '비도匪徒', 의병장을 '비도괴수匪徒魁首'로 호칭했던 일제 앞잡이 신문 「독립신문」에는 서상렬이 이끄는 의병이 함창 태봉에서 일본군에 패한 소식을 전하고 있다.

> 비도괴수 서상렬이가 여덟 고을 비도를 모집한 것이 3천여 명이라. 서가가 3천여 명 비도를 함창 태봉에 가서 일본병정으로 싸울새 일시에 비도들이 사면으로 흩어져 서가가 크게 패하여 예천과 풍기로 들어가…
> - 「독립신문」 11호. 1896년 4월 30일

그동안 의병해산령이 내렸다는 풍문이 사실인 것을 확인한 유생 중심의 의진은 의병해산을 하기 시작하던 4월 2일, 대구에 주둔하던 일본군 제3대대는 의병에게 쫓겨 도망갔던 순검 수십 명과 함께 안동부로 들어와서 민가에 불을 질렀다. 바람을 타고 불길이 온 읍내를 덮쳐서 안동읍 1,000여 호의 민가가 불타 버리니, 안동읍 사람들은 삶의 터전마저 잃게 되었음이 안동관찰사 이남규의 상소에 드러나고 있다.

전 관찰사 때 도피했던 순검과 일본 군사가 갑자기 본부本府로 쳐들어와 공해公廨를 들부수고 여염집에 불을 질렀습니다. 이에 수천 호의 민가가 지금은 열에 한두 채도 남아 있지 않으며, 이졸吏卒들은 산골짜기로 뿔뿔이 흩어져 도망치고 사민士民은 구렁텅이에서 뒹굴고 있어 그 광경은 참혹하여 차마 눈뜨고 볼 수가 없었으니,……

러시아 공사관으로 피신했던 국왕은 안동관찰사의 보고를 받은 즉시 내각을 소집하고 일본군의 만행에 대하여 엄중히 항의하여 차후에 이런 일이 일어나지 않도록 하라고 하자, 외부대신 이완용은 일본공사에게 항의 문서를 전달하기에 이르렀다.

삼가 말씀드립니다.
현재 우리 안동부 관찰사의 보고 내용에 의하면, 안동·예천 등지의 비도(의병-필자 주)들이 함창 태봉으로 와서 이곳에 주둔하고 있는 일본 병참부와 두 차례 교전하다가 마침내 패하여 흩어졌습니다. 수일이 지나 일본군 50여 명이 갑자기 안동부에 들어와서 민가 1,000여 호를 불태우자 장정들은 달아나기 바빴고 노약자들은 여이어 넘어져 슬퍼하지 않는 자가 없었고 서로가 조문하였습니다. …

무릇 비도들이 내범來犯하면 일본 병참병들이 창과 포砲로 죽이는 것으로 부족하여 애석하게 민가까지 불태워 버리고 있으니 의당 금지해야 합니다.

엎드려 바라건대 이를 거울삼아, 일본공사에게 전조轉照하여 해당 병참부에 별칙別飭하여 이러한 폐단이 없도록 해달라는 것입니다.

－『주한일본공사관기록』. 1896년 4월 26일

당시 특명전권공사로 와 있던 고무라小村壽太郎는 조선정부가 러시아 공사관으로 옮겨 가더니, '제법 큰소리를 친다'고 다소 놀라면서 20여 일이 지난 5월 15일에야 「일군의 안동민가 방화 사건(천여 호 전소)에 대한 해명」이란 제목의 거짓 해명서를 보내왔다.

4월 2일 오후 3시, 안동부 시가지에서 서쪽으로 약 200미터 되는 제방 밑에 도착하자 비도(의병-필자 주)가 안동부의 시가 및 사방의 산에서 계속 포격을 하였습니다. 그래서 어쩔 수 없이 응전하였는데, 4시경에 이르러 서로의 중간지점에서 갑자기 불이 나고 대풍이 세차게 불어와 불행하게도 사방으로 불길이 번져나갔다는 것입니다.

이상과 같은 보고에 의하면, 우리 병참수비병의 일부를 안동으로 이끈 것은 전적으로 비도의 소행이며, 민가를 불태운 사건도 교전 중 뜻하지 않게 일어난 사건에 불과합니다. 결코 안동부의 관찰사가 보고한 바와 같이 우리 병사들의 이유 없는 소행이 아닙니다.

일본군은 그 후에도 의병들의 활동을 도운 마을이라고 판단하면, 이른바 연대책임을 지워 마을 전체를 불태우는 일은 다반사였고, 심지어 읍 전체를 불태우기도 했다.

그 예로 경기도 이천 부근에서 전주를 넘어뜨린 의병들에게 일본군이 쫓기게 되자, 일본군은 인근 부락민들에게,

"의병이 전주를 파괴하였는데 너희들은 그것을 제지하지 못했기 때문에 의병과 다름없다."

라고, 하면서 집에 불을 질러 모두 소각해 버렸다.

한편, 서상렬은 제천 방어를 위해 의병을 이끌고 단양을 지키라는 유인석의 명을 받고 그 쪽으로 떠나고, 안동의병은 거처할 곳을 찾아 인근 지역으로 뿔뿔이 흩어지는 상황이 되었다.

안동의진 지도부는 태봉전투의 패배 후 다시 의병을 모으고 의진을 정비하고 전투 준비를 갖추었으나 의병의 해산을 종용하는 국왕의 칙령이 안동부에 도착하고 보니, 의병해산을 해야 한다는 쪽과 국왕의 윤음은 일제와 부왜인들에 의해 나온 것이기에 거부해야 한다는 쪽으로 의견이 나뉘었다.

당시 국왕은 안동지방의 의병이 하루빨리 생업에 종사할 수 있도록 하기 위해 암행어사를 보냈던 것이었다.


자헌대부 장석룡張錫龍이 상소하기를,

"삼가 아룁니다. 신의 나이가 이미 74세가 되었습니다. …

음력 4월 13일에 내리신 밀유密諭를 삼가 받드니, 신에게 암행하여 효유하는 직임을 맡기셨습니다. 신은 명을 듣고는 황공하여 땀을 흘리며 몸 둘 바를 몰랐습니다. 당일로 길에 올라 전 승지 정의묵鄭宜默, 전 교리 김근연金近淵과 동행하여 먼저 가장 상태가 심한 안동, 예안 등지로 나아가 두루 돌아다니며 갖추 유시하였습니다. 영남 각처의 의병과 안동의 대장 김도화에게는 모두 글로 유시하고, 그 본

가를 방문하여 자질子姪과 종족에게 책유責諭하였습니다. 그리고 두 고을의 물의物議를 들어 보니, 전날 거의한 것은 나라를 위해 난당을 쓸어 없애고자 한 것인데, 지금 역적 괴수가 복법伏法한 마당에 계속해서 무력을 남용하는 것은 명분이 없는 것 같아 문득 해산하여 편안한 마음으로 생업에 종사하고자 하였지만, 일후에 사변이 있을까 염려되어 의구하며 물러나지 못하는 것이라고 하였습니다. 그러므로 신은, 또 왕의 말씀이 지대하여 위협에 못 이겨 따라 한 것은 죄를 다스리지 않겠다는 칙교가 여러 차례 있으셨으니, 속히 병력을 파하여 돌아가고 혹시라도 지체하며 의심하지 말라고 유시하였습니다. 청량산 오산당은 선정신先正臣 문순공 이황李滉이 강학하던 곳으로 그 종손의 집도 그 아래 있는데, 모두 병란을 만나 잿더미가 되었습니다. 이 통에 300년 동안 전해 내려오던 3000권의 서책이 하나도 남은 것이 없으며, 내사內賜 『주서』 등 허다한 서적 또한 모두 그 속에 있었으니, 이것은 사문斯文의 일대 재앙에 해당하는 일입니다.

신이 길에 오르는 날, 대구관찰사 이중하에게 글로 통지하여 먼저 안동과 예안 등지로 간다는 것을 알렸고, 또 거창군수 정관섭과 경주군수 이현주 및 진주관찰사 이항의에게 글로 부탁하여 신이 칙지를 받들고 와서 유시한다는 것을 실제로 인민들에게 포고하여 보이도록 하였습니다. 그 회답에 의거해 보건대, 위의 각군은 소요를 일으킨 일이 없었습니다. 그러나 신이 경유한 안동읍은 1,000호에 가까운 민가가 모조리 잿더미가 되어 버려 경색景色이 슬프고 참담하였고, 의성읍도 이 재앙을 당하여 그 관하 사촌沙村 한 구역은 민호가 불탔을 뿐만 아니라 사망한 남녀가 무수하였으니, 그 광경이 더욱 매우 참혹하였습니다.

- 『승정원일기』. 6월 28일(양력 8월 7일)

국왕의 칙유를 받들고 온 장석룡은 경북 인동(현 구미시 속동) 출신으로 약관에 정시문과를 거쳐 별시문과에 장원하여 25세에 사헌부장령에 제수되었으나 나아가지 않았고, 26세 때 해남현감을 거쳐 약 30년 전에 경주부윤을 지냈을 정도로 명망가였다. 대사간, 대사헌, 좌·우승지, 병조·형조참판, 공조판서 등을 역임하고 대호군으로 있던 그는 김도화 의병장을 만나 국왕의 윤음을 전한 것이었다.

이때 석주는 의병대장 직에 물러난 후 봉화 닭실로 돌아간 외숙부 성대星臺 권세연에게 서신을 올렸다.

### 성대 권공께 답하다

두 번의 거사와 대장의 직임에서 물러나신 일이 모두 알맞게 조처한 것이거늘 다시 문득 멀리 떠나 보전할 계책을 세우신 일은 너무 지나친 염려라 여겼던 것이 이제야 석연히 풀리었습니다. 듣자하니 새 거처가 대로에 너무 가까워 깊이 은거하기에는 부족하면서도 또한 길이 제법 멀다보니 노인을 모시고 갈 수 없어 절기마다 문후드리는 일조차 아마 정성을 다하기 어려울 듯하다 하시니 그간의 고달프셨을 심정을 잘 알겠습니다. 따뜻한 날씨에 우거하고 계신 중 건강은 좋으신지 모르겠습니다. …

의병 일이 두서가 없음은 전과 다름없이 매양 그러하나 거사 후 여태까지 장계를 올려 보고하지 않고 있습니다. 성상의 윤음이 내려온 뒤에도 버티고 받아들이지 않고 있으니 일 꾸미기 좋아하는 어떤 무리가 이번 일로 칼자루 휘두를 구실로 삼지 않으리라고 어떻게 보장하겠습니까?

석주는 안동읍이 온통 불탔고, 의병해산을 하라는 국왕의 윤음이 내려왔음에도 불구하고 의병해산을 하지 않은 것에 대하여 염려하고 있음을 볼 수 있다.

그러나 겨우 명분만으로 의병해산을 하지 않고 있던 안동의진은 9월 11일 친위대가 주축이 된 관군이 안동에 도착하자 더 이상 버틸 수가 없어 의진을 해산했으나 의성 사촌마을 출신 김상종金象鍾이 이끈 의진은 끝까지 해산하지 않고 버텼지만 결국 관군에 의해 진압되었다.

김상종 의진은 구성산전투에서 관군·일본군 20여 명, 송감은전투에서 7명, 운천변전투에서 5명 등 30여 명을 처단하는 전과를 올렸는데, 금성전투에서 참패를 당하고 결국 진압되었다. 특히 김상종 의진은 남한산성을 점령했다가 남하한 김하락金河洛 의진과 연합하여 의병투쟁을 벌인 것도 특이하다.

김상종(1848~1909) 의병장의 격문

# 민심 수습과 어머니를 위하여

1896년 9월 11일, 국왕의 의병해산령을 받들고 온 관군이 안동읍에 들어서자 의병은커녕 농부 한 사람도 찾아볼 수 없는 모습으로 변하였다. 대부분의 민가는 잿더미가 되어 잡초만 무성했는데, 그나마 불타지 않은 곳은 일부 관청뿐이었다. 그 사이 지방제도가 23개 부에서 13개 도로 바뀌어 종전 관찰부였던 안동은 경상북도에 소속된 하나의 군이 되었다.

> 전국의 23개 부를 13개 도로 개정하였는데 수부首府의 위치는 경기도 수원, 충청북도 충주, 충청남도 공주, 전라북도 전주, 전라남도 광주, 경상북도 대구, 경상남도 진주, 황해도 해주, 평안남도 평양, 평안북도 정주, 강원도 춘천, 함경남도 함흥, 함경북도 경성이다.
> ─ 『조선왕조실록』. 1896년 8월 4일

그리하여 종전의 관찰부는 폐지되고, 며칠 전에 암행어사 장석룡 일행으로 왔던 전 승지 정의묵이 안동의 신임 군수로 오게 되었다.

> 이성렬을 경상북도 관찰사에 임용하고, 이항의를 경상남도 관찰사에 임용하고, 이범선을 대구군수에 임용하고, 정의묵을 안동군수에 임용하고, 이상만을 진주군수에 임용하고, …
> ─ 『승정원일기』. 1896년 6월 26일(양력 8월 5일)

'선비의 본고장'이라고 일컬어져 왔던 안동 유림과 민중들은 갑오·을미왜란에 모든 역량을 동원하여 거의했기에 재산은 거덜나고, 집마저 불타 버린 가운데 수많은 사람들이 살상되었던 것이니, 들려오는 소리는 울부짖음과 탄식뿐이었다.

응당 가을이면 산야의 곡식들이 여물어 이를 거둬들일 시기인데도 불구하고 안동읍 주변의 들판에는 드문드문 벼 낟가리가 보일 뿐이었다. 안동읍에서 50여 리 떨어진 풍산들마저 잡초가 자라는 곳이 많았다. 봄부터 의병투쟁에 나서 못자리며 모내기를 제때에 못한데다가 안동읍 1,000여 호가 불타는 바람에 농사를 제대로 지을 수가 없었기 때문이었다. 게다가 집을 잃은 민중이 종전에 살던 안동읍에 집을 짓지 않고 일가친척이 있는 곳으로 이사를 하거나 안동읍으로부터 멀리 떨어진 곳에 거처를 마련하다 보니, 안동읍은 을씨년스러울 정도로 변하고 말았다.

예로부터 영남의 중심은 "좌안동左安東 우진주右晉州"라고 일컬었다. 경상좌도의 안동, 경상우도의 진주가 영남에서 가장 중심 고을이라는 말이었는데, 어찌해서 안동이 '텅 빈 고을'로 변할 수 있었을까?

1894년 봄부터 안동에도 동학농민군의 위세가 대단하여 많은 사람들이 동학농민군에 참여하게 되었는데, 동학농민군을 빙자한 무리까지 날뛰는 바람에 관군과 이른바 민보군民堡軍이 이들을 진압하는 과정에서 수많은 사람들이 살상되었다. 안동 동학군을 진압하여 군공을 세운 사람으로 전 영장 김호준金好駿, 전 오위장 김익장金翼張, 전 참봉 권재기權載紀 등이 「갑오군공록甲午軍功錄」(1900)에 올라 있을 정도였다.

그 해 가을에는 일제의 갑오왜란에 반발하여 의병을 일으켜서 관군·일본군을 상대로 싸우다가 수백 명이 살상되었고, 을미왜란에 분노하여 다시 의병투쟁을 벌이는 과정에서 수많은 사람들이 살상되었으며, 민가 1,000여 호가 불타는 바람에 안동읍이 잿더미가 되고 말았다.

1896년 8월, 13도에서 관할하는 339군을 5등급으로 나누어 정할 때 안동은 경북에서 대구와 함께 1등급 군이었으나 실제로는 3~4등급에 해당하는 군으로 전락된 셈이었다.

훗날 탁지부대신은 '결전結錢의 납부를 지체한 군수는 면직시키겠다.'고 각도의 관찰사·군수에게 차사差使를 보내서 엄하게 훈령을 내려 납부 기한을 정해 주고 지정된 날까지 결전을 내도록 독촉하였으나 안동군수는 2년 연속으로 많이 체납한 것으로 드러나고 있다.

> 병신년분을 많이 체납한 전 대흥군수 구완희, 전 충주군수 정기봉·서상숙, 전 장성군수 신승균, 전 나주군수 이우규, 전 안동군수 정의묵, 전 연안군수 홍우석 …
> 정유년분을 많이 체납한 전 이천군수 이건중·김중규 전 신창군수 안정수, 전 나주군수 김직현, 전 거창군수 조중엽, 전 경주군수 권상문, 전 안동군수 정의묵, 전 영덕군수 임영호 …
>        - 『승정원일기』. 1899년 12월 17일(양력 1월 17일)

당시 결전은 토지에 부과된 세금이었는데, 10년마다 관찰부에서 결전 대상의 토지를 조사하여 세금을 정하고, 그 세금을 농민들에게 부과하였다.

안동군수 정의묵은 상주 출신으로 1879년 식년시에 진사가 되었고, 이어 증광시에 들어 홍문관 교리·수찬, 사헌부 장령, 승정원 동부승지를 거쳤으며, 동학농민혁명 때 영남소모사로 활약한 바 있었고, 선유의 임무를 띤 암행어사 장석룡 일행에 선발되었을 정도로 학식이 있고, 인품이 어진 사람이었다.

그는 부임하자마자 안동 유림을 찾고, 가난한 민중을 구휼하는 등 민심을 수습하여 피폐된 안동 고을을 부흥시키고자 동분서주하였다. 그러나 오랜 전통을 이어 오던 가문을 제외한 일반 민중들은 조세의 부담 때문에 오히려 인근 고을로 이사를 가는 경우가 많았다. 안동군이 내야 하는 결전은 정해져 있기 때문에 그 세금을 부담할 사람이 많았을 때는 문제가 없었지만, 많은 사람들이 이사를 간 상황이라 남은 자들이 이사를 떠난 사람들의 몫까지 부담해야 했기 때문이었다. 그는 무리하게 세금을 거두지 않아 두 해에 걸쳐 결전을 체납하게 되어 결국 징계를 받고 해임되기까지 했지만, 민심은 점차 안정되어 갔는데, 여기에는 석주가 유림과 민중을 설득하여 향약을 실시한 것이 밑바탕이 되었기 때문이었다.

옛 사람들은 앎과 행함에 대해서
이는 양날개와 같다 비유하였네
행치 않으면 앎이 투철해지지 않고
알지 못하면 행함이 맞지를 않네
앎이란 것은 행함의 시작이 되고

행함이라는 것은 앎의 끝이 되네
　　양자는 합쳐져 하나가 되어야지
　　치우쳐서는 정교함 이룰 수 없네

　갑오년에 조부상을 당하여 3년상을 치르는 동안 동학농민봉기를 겪었고, 또한 갑오 · 을미년 의병에 적극 협력했던 석주는 '앎과 실천'에 대하여 깊이 생각해 보았다. 피폐해진 민심을 수습하는 데 고을 군수의 힘만으로는 이룰 수 있는 일이 아니라는 것을 인식한 그는 흐트러진 민심을 바로 잡을 길은 향약을 실시해야 한다고 생각하였다. 향촌의 질서를 바로 잡으면 점차 사회가 안정을 찾게 되고, 나아가 고을 전체가 온전한 모습으로 되돌아올 것으로 생각하였다. 그는 여씨향약에 이황 · 정구鄭逑 · 권두경權斗經 집안의 향약 절목을 가미한 규약을 만들어 매월 초하루에 일제히 향교에 모여 훌륭한 옛 인물을 추모하고, 그 자리에 둘러앉아서 강론을 거듭하였다. 그의 노력으로 점차 인심이 진정되어 안동 고을은 다시 활기를 띠게 되었다.

　1899년 그는 스승 서산 김흥락의 명을 받아 200여 년 전에 대산大山 이상정李象靖이 지은 『퇴도서절요』를 복간하는 일에 참여하였다. 그런데, 그 해 10월에 서산 선생이 별세하였다. 석주는 달려가서 슬피 울며 장례를 치렀는데, 스승을 기리는 마음이 만사에 드러나고 있다.

　　하늘은 별빛을 거두어들였고 땅도 영기를 거두었나니
　　연세가 일흔 셋이셨는데 갑자기 세상을 버리셨네

남방의 의관한 선비들이 일제히 눈물을 흘리나니
본심은 참으로 현자를 좋아함을 비로소 체험해 보네

내 다행히도 살아서 대현의 문하에 들어가서
이십년 동안 공경하면서 학문을 전수받았네
문득 나의 재주와 지혜가 모자란 게 부끄럽나니
이 세상에서 스승의 은혜에 보답할 가망이 없네

석주는 20여 년 동안 스승의 가르침을 받고 지극히 섬겼는데, 그 은의恩義가 매우 컸기에 3개월 동안 가마加麻의 옷을 입고 추모하면서 스승이 남긴 글을 수집하여 세상에 내놓았다.

석주가 45세가 되던 해인 1902년 5월 12일(음력 4월 5일), 어머니가 세상을 떠났다. 16세에 아버지를 여의고 홀로 되신 지가 30년째, 그동안 증조부와 조부모를 모시고 3남 3녀를 기른 어머니의 노고를 어찌 말로 표현할 수 있을까? 그는 7개월 동안 병석에 계신 어머니께 정성을 다했다. 「선부군유사」에는 이렇게 써 놓았다.

부군은 7개월9) 동안 약을 달이고 밤에는 옷을 벗고 자지 않았다. 상을 당하게 되자, 몹시 슬퍼하여 본성本性을 잃는 지경에 이를 뻔하였다. 겨울철 시탕侍湯할 때의 솜옷을 한 번 입은 뒤에 여름철을 지나 장사지내고 나서 갈아입었는데, 모두 썩고 문드러졌다.

---

9) 『석주유고』(하) 「행장」에는 7개월, 「선부군유사」에는 7년으로 기록되어 있다. 후자는 석주의 어머니가 7년 전부터 앓아오던 해를 말한 것으로 보여 전자를 따랐다.

# 나라가 망해 가는데

일제는 1903년 하반기부터 러일전쟁 준비를 해놓고 우리나라를 동맹국 차원에서 인적·물적 자원을 제공받기 위해 흉계를 꾸미고 있었다. 그렇게 하기 위해 우리나라 황제와 내각의 부왜인들을 상대로 회유와 협박을 하였지만 거듭 실패하였다.

> 발신자 : 하야시林權助 공사
> 수신자 : 동경 고무라小村壽太郎 대신 앞
>
> 귀전貴電 제204호에 관하여 본사本使는 미리 훈시하는 뜻을 명심하고 지금까지 한국 조정 대관 중 가장 신뢰할 수 있는 자에게 직접적인 권유를 시도해 보았고, 또 폐하께는 지난 달 30일 알현시에 일·한 두 나라는 의당 돈목敦睦을 증진시켜야 할 필요가 있으므로 두 나라 사이에 가로놓여 있는 이 장해를 이번 기회에 제거하는 방도를 강구하는 것이 옳을 것이라는 취지를 서면으로 주상하여 두었으나, 오늘에 이르기까지 아무런 효력도 보지 못하고 있습니다.
> - 『주한일본공사관기록』. 1903년 12월 28일

1904년 1월 11일, 일본공사 하야시가 일본 외무대신 고무라에게 보낸 전보가 『주한일본공사관기록』에 실렸다.

> 어젯밤 이지용이 와서 이야기한 바에 의하면, … 황제의 의사가 거의 확정되어 적당한 시기를 골라 밀약을 체결할 단계에 도달했지만 때마침 국상중이어서 일시 보류할 수밖에 없었다고 말하는 것이었습니다. …

이지용의 운동비로써 지난번 송금을 요청한 1만 원에 대하여 그때그때 그 사람으로 하여금 본사와 협의를 하게 해야 하겠지만, 그의 입장으로서는 아무래도 망설여지게 될 것이기 때문에 오늘 시오카와塩川를 시켜서 전액을 그에게 전달하고 전적으로 그가 알아서 쓰도록 일임하였습니다.

1903년 가을 송아지 1마리 값은 3~4원, 황소 1마리 값은 20~25원, 쌀 1섬 값은 1원 8전이었으니, 일제가 부왜인 이지용에게 제공한 뇌물이 얼마나 거금이었는지 짐작할 수 있다.

일제가 겉으로는 대한과 청국의 만주에 대한 우월적 지배에 관하여 러시아와 논의를 거듭하면서 실제로는 전쟁을 일으킬 트집을 잡으려고 하자, 러일전쟁이 일어나는 것은 필연이라고 판단한 광무황제는 일제가 끈질기게 요구하는 '한일공수동맹韓日攻守同盟'을 재가하지 않고, 이용익李容翊·현상건玄尙健 등으로 하여금 비밀리 청국으로 보내어 '만약 러일전쟁이 일어난다면 엄정중립을 지키겠다.'고 선언하기에 이르렀다.

광무황제가 중립 선언을 한 것은 『승정원일기』나 『조선왕조실록』에는 없는 내용이지만, 일본 외무대신 고무라가 일본공사 하야시에게 보낸 전보에는 그 내용이 드러나고 있음을 『주한일본공사관기록』을 통하여 알 수 있다.

한국10) 정부의 엄정중립 준수에 관한 선언

---

10) 일제는 당시 우리나라 국호가 '대한'임에도 불구하고 고의적으로 '대'자를 생략하고 '한국'이라고 했다. '대大'는 접두사가 아니다.

본관은 방금 한국 외무대신의 명의로 된 지부芝罘11) 발신 1월 21일자 불어佛語 전문을 접수했음. 그 영어 번역문은 다음과 같음.

"러일 양국 간에 발생한 분규와 그 평화적 해결의 도출에서 부딪치는 어려움에 비추어 대한大韓 정부는 황제 폐하의 명에 의해 현재 양국 간에 진행 중인 예비회담의 결과에 구애받지 않고 엄정중립 준수를 확정했음을 선언함."

대한 정부의 중립 선언에 애가 탄 일제는 그들의 앞잡이들을 내세워 '러시아가 대한을 침공하려 한다.'는 거짓말을 광무황제에게 밤낮으로 말하게 한 후, '만약 외국 군대가 대한을 침략해 오면, 일본 군대가 대한 군대와 함께 물리쳐 주겠다.'는 이른바 '한일공수동맹'을 비밀리 체결하여 대한으로 하여금 일본의 동맹국 입장에서 자동적으로 러일전쟁에 개입하게 하려고 하였다. 그렇게 될 경우 우리나라는 러일전쟁에 필요한 인적·물적 자원을 동맹국인 일본에 제공해야만 했던 것이었다.

1904년 2월 9일, 일제는 여순旅順 항과 인천 앞바다에 있던 러시아 군함을 기습한 후 이튿날 선전포고를 하였다. 대한 사람들은 물론, 전 세계 사람들이 깜짝 놀랄 일이 벌어진 것인데, 일제가 원하던 것처럼 대한 정부가 비밀조약을 체결해 주지 않자, 일본공사는 '최강국을 대상으로 전쟁을 하는 일본한테 얼마나 버티나 보자'는 식으로 대신들을 불러 윽박질렀다. 일제로부터 거액의 뇌물과 향응 제공을 받았던 부왜대신들이 '똥마려운 강아지'처럼 수시로 어전을 찾아 공수동맹의 필요성을 하소연하

---

11) 지부芝罘 : 중국 산동성 연대烟台의 옛 이름

듯 말했지만, 광무황제가 거듭 거부하자 사직 의사를 밝히며 오히려 겁박하기까지 하였다.

러일전쟁 때 한성(서울)에 들어온 일본군

일본공사는 본국의 지시를 수시로 받으면서 공수동맹에 관한 밀약서 문안을 부왜 대신들과 다듬어 나갈 때 일제의 지시가 바뀌게 되었다. 밀약보다는 언젠가는 알게 될 터이니 아예 공개적인 조약체결을 감행하라고 한 것이었다. 다만 '조약'이라고 하면 중압감을 느끼게 될 터이니, 이름은 부드러우면서 행정적인 느낌이 들도록 하기 위해, 조약 아닌 용어를 만들어 낸 것이었다. 즉 대한의 대신과 일본의 공사가 '의논議論해서 정定한 문서文書'라는 의미의 '의정서議定書'로 만들었으니, 교활한 일본 외교관들의 작품이었다.

그리하여 일본공사는 광무황제를 수차례 면담하면서 한편으로 설득하고 한편으로는 겁박을 가하자, 탁지부대신 겸 내장원경이던 이용익을 비롯한 우국지사들이 극력 반대를 하고 나섰다. 일본공사는 본국의 훈령에 따라 한성에 주둔하고 있던 일본군 제12사단장 육군중장 이노우에井上光에게 조치를 취하도록 요청하였다. 이에 이노우에는 군대를 동원하여 이용익은 일본으로 납치하고, 다른 사람들은 감금하는 만행을 저질렀다.

> 이 나라의 탁지대신 내장원경 육군참장 이용익은 모든 사람에게 인망을 잃고 있을 뿐 아니라, 종전부터 일한 간 교의에 유해한 행동이 많았고 이후에도 어떠한 의외의 음모를 계획하지 않는다고 단정할 수 없으므로, 본사本使는 어제 한국 황제 폐하께 알현하는 기회에 그를 일본으로 출유出遊시키는 것이 좋겠다고 하는 뜻을 주상奏上하여 폐하의 칙답을 받았습니다. 이 이용익 이외에 진위대장으로서 보부상의 두목인 길영수, 참장 이학균, 참령 현상건 등도 역시 경성에 잔류하고 있어서 아무래도 우리에게 불이익이 될 뿐만 아니라, 우리와 이해를 반대로 하고 있는 나라에 우리의 군사비밀을 누설한 혐의도 있으므로 이들 3명에 대하여는 상당한 조치를 취하심이 마땅하지 않을까 사료되어 이상 참고하시기 바라 말씀드립니다.
> - 『주한일본공사관기록』. 1904년 2월 23일

일제가 군대를 동원하여 우국지사를 납치·감금하는 사태에 이르자, 대신들조차 궁궐에 들어가는 것이 두려운 상황이 되었다. 일본공사는 러일전쟁을 빌미로 군율을 적용해야 한다고 무력시위를 벌여 1904년 2월 23일, 이른바 한일의정서를 일본공사와 외부대신 임시서리 이지용이 체결하고 말았다.

국가 간의 조약이라면 반드시 최고 권력자의 전권을 위임받은 자가 서명을 하거나 최고 권력자가 재가를 해야 그 효력이 발생하는 것인데, 형식상으로는 대신과 외교관 사이의 '의정서'이니 그런 절차가 필요하지 않지만, 내용상으로는 조약의 효력을 갖게 되는 문구를 넣었다. 즉, 대한제국 외부대신이 아닌, "대한제국 황제폐하의 외부대신"

한일의정서 체결을 강요하는 삽화

이라 하여 임명권자를 강조하였고, "상당한 위임"이란 말은 '권한을 위임받아'라는 의미와 분명히 다름에도 불구하고 황제의 권한을 위임받은 것처럼 교묘한 언술을 발휘하였고, 제5조에서 "대한제국 정부는 상호간에 승인을 거치지 않고 장차 본 협약 취지에 위배되는 협약을 제3국과 사이에 체결할 수 없음"이라고 하여 대한 정부가 제3국과 조약을 맺지 못하게 하는 것이었으니, 사실상 외교권 박탈 조약이었다.

이어 일제는 '일본이 대한의 외교를 대리해 준다.'는 구실로 청국에 있던 대한 공사관을 철수시킨 후 5월에는 주영 대한 공

(一其) 旅順陷落祝捷の會光景

러일전쟁 때 여순 함락 축하대회(데라우치 문고 소장 사진첩 사진 재촬영)

사관을 철폐하기에 이른 것이니, 대한의 외교권은 을사늑약 1년 7개월 전에 이미 일제의 손아귀에 넘어간 셈이었다.

한편, 이러한 소식을 접한 석주는 척암 김도화 선생과 처남 김효락金孝洛(김대락 아우)에게 보낸 편지에서,

"망극한 현실사정은 하소연할 데도 없으니 절통한 심사를 어찌하겠습니까?"

라고 하여, 일제에 나라가 침탈당하고 있는데도 싸우지 못하는 "절통한 심사"를 드러내고 있다.

그리하여 석주는 비밀 단체였던 '충의사忠義社'에 참여하게 되었는데, 어머니 3년상을 마친 상태였기에 구국을 위해 적극 나

섰던 것이었다. 충의사는 1895년 경북 김산(현 김천) 유림이 주축이 된 전국 규모의 비밀 유림 단체였다. 충의사라는 이름을 가진 단체는 한말부터 일제강점기에 이르기까지 국내외에 10여 개가 있었다. 그 중 성격이 다른 단체도 있었지만, 경술국치 이전 국내 각지의 충의사는 대부분 그 지부로 전기의병 때 큰 역할을 한 후 흐지부지 된 상태였다.

그런데, 러일전쟁이 일어나고 한일의정서가 체결되니, 김산 유림에서는 1904년 3월 전국 유림과 일부 관료의 협조로 한성에서 충의사를 재건하게 되었고, 안동 유림에서는 그 해 8월 석주와 권유하, 권정식, 김운락, 김진수, 김학모, 유교영, 유봉희, 이규락, 이남우, 이중식 등이 참여하게 되었으니, 충의사 안동지부에 해당하는 것이었다.

충의사는 본부를 한성에 두고 각도와 군에 지부를 두기로 하였는데, 한일의정서 반대, 일제의 황무지개간 반대, 일진회 반대 등을 내걸고 정부 각 기관과 외국 공사관에 투서하여 일제침략을 규탄하는 언론투쟁을 전개하였다.

## 가슴속에 피가 끓어

1905년 5월 12일, 주영 서리공사 이한응李漢應이 일제에 의해 주영 대한 공사관이 폐쇄되고 외교권이 박탈된 데 항의하여 영국 런던에서 자결 순국하였다.

"아아! 나라는 주권을 상실했고 국민은 평등을 잃었으니, 무릇 외교교섭 관계도 치욕을 헤아릴 수 없게 되었다. 진실로 혈기가 왕성한 사람으로서 어찌 참고 견딜 수 있겠는가!
슬프다! 종사가 장차 없어질 것이고, 민족은 장차 노예로 될 것이니, 구차히 살려고 하면 욕됨이 더욱 심할 터, 갑작스런 일이라 더욱 그렇구나. 죽기로 작정한 이 마당에 다시 무슨 말을 하리요."

이한응의 유서가 「대한매일신보」에 그대로 보도되어 일제의 침략에 의해 국권이 상실되어 가는 현실에 대하여 국권회복을 위한 투쟁을 격발시키는 데 큰 자극을 주었다. 그의 자결은 일제의 국권침탈 야욕에 맞선 최초의 자결이었으며, 대한의 관리가 일제침략에 죽음으로써 대항한 것이기도 하였다.

이한응(1874~1905) 열사

이한응은 1901년 3월 영국과 벨기에 양국 주차 공사관의 3등 참서관에 임명되어 런던에 부임했으며, 1904년에 주영 서리공사로 승진하여 근무하고 있었다. 그는 영국 정부로부터 주영 대한 공사관을 철폐시킨다는 통보를 받자 일제에 의해 외교권이 박탈됨에 통분하여 이를 항의하고, 런던 주재 각국 공사들에게 대한이 독립국가임을 설득했으나 그것이 무위로 돌아가자 유서를 남기고 자결하였던 것이니, 한일신협약(을사늑약) 6개월 전의 일이었다.

일제는 러일전쟁을 계기로 대한 정부에 내정간섭을 진전시켰을 뿐만 아니라 한성에 육군대장 하세가와長谷川好道를 사령관으로 하는 주둔군을 두고, 군대의 보급 및 연락에 중요했던 철도와 전신을 보호한다는 미명아래 1904년 7월부터 전국 일원에 군율이 적용하였다. 우리나라 관리들이 일본군 지휘에 따라야 하는 상황이 된 것인데, 일본군대의 법률로써 우리나라에 적용하는 것은 국제법상으로 위법이었지만 일제는 이에 아랑곳하지 않았고, 이듬해 9월 5일 포츠머스조약 체결로 러일전쟁에서 승리한 뒤에는 침략의 마수를 노골적으로 드러냈다.

1905년 11월 17일, '대한 정부는 외국과 조약 체결을 하지 못한다는 것과 황제 아래 통감을 두는 것'을 주요 내용으로 하는 이른바 "보호조약"안을 이토伊藤博文가 제시한 가운데 대신회의가 덕수궁에서 열렸다. 이날의 회의는 일본군 헌병대가 덕수궁을 포위하고, 일본군대가 훈련이라는 명분으로 남산에서 궁궐을 향해 대포를 설치한 채 시작되었다.

이토는 일본공사 하야시와 일본군사령관 하세가와를 대동하여 궁궐로 들어와서 조약 안에 대해 대신마다 개별적으로 가부를 묻는 표결 방식을 취했는데, 한규설과 민영기는 반대하고, 이완용을 비롯한 5대신은 찬성했다. 이미 부왜인 중심의 내각이었기에 대신들은 이토가 의도한 대로 끌려가고 말았다.

을사늑약 소식이 알려지자 배달겨레의 분노는 당시 군율통치 아래에서 신음하던 것과는 상관없이 화산처럼 폭발했다. 특히 「황성신문」의 주필이었던 장지연張志淵은 「시일야방성대곡」이라는 논설로써 배달겨레의 분노를 터뜨렸으며, 「대한매일신보」가 줄기차게 반일 필봉을 휘둘렀다.

의정부 참찬 이상설李相卨을 비롯한 전·현직 관리들과 전국 유림의 대표들이 을사늑약의 무효와 을사오적의 처단을 상소하였고, 이어 전 의정부 의정(영의정) 조병세趙秉世, 시종부 무관장 민영환閔泳煥 등 수많은 전·현직 고관과 애국지사들의 상소가 빗발쳤다.

석주는 러일전쟁 때 일제가 전쟁을 빌미로 삼아 군율통치를 할 때부터 나라가 침탈당하고 있는데도 싸우지 못하는 "절통한 심사"를 절절히 드러낸 바가 있었다. 그는 을사늑약이 체결되었다는 소식을 듣고 음력 11월 초순 어느 날 밤에 처남 김대락金大洛을 찾아 의병을 일으키고자 하는 자신의 계획을 말하고 조언을 구하고자 했다. 그러나 주위 사람들이 많아서 그냥 돌아온 다음, 자신의 심회를 편지로 보냈다. 석주는 큰처남 김대락이 자신보다 열세 살 많아서 때로는 스승처럼, 때로는 선배처럼 대했고, 김대락은 허물없는 벗처럼 대하였다. 두 사람은 서로의 처지를 잘 이해하고 서로 존경하는 사이였다.

이달 초경에 찾아뵐 때는 꼭 하룻밤 머물며 가르침 받을 생각이 없지 않았으나 어른께서 곱절이나 심한 고통스런 날을 당하여 오랜 친구와의 모임에 생각이 없어서 옷을 떨치고 혼자가게 되니 남의 흥이나 깨는 나그네도 또한 돌아가는 것이 옳겠다고 생각하지요. 그러나 한스러운 것은 이미 심중을 굳히고 있음을 알면서도 서로 도와 함께 일할 계획을 세우지 못한 일입니다. …

　왜놈들의 사변을 듣고부터 가슴속에 피가 끓어 왕왕 밤새도록 잠 못 이루고 베개에 눈물 자국을 남기곤 합니다. 살아서 불운을 만남이 어찌 이토록 심합니까? 돌이켜 생각하면 우리들 초야의 보잘 것 없는 백성에게도 충심과 의분심이 있는데 저 지위 높은 점잖은 분은 이런 때에 의당 남다른 생각이 있어야 할 터인데 아무런 소문이 없으니 그게 장차 자신과 아무 상관이 없다 하려는 것입니까? 한탄스럽고 한탄스럽습니다.

석주는 "왜놈들의 사변을 듣고부터 가슴속에 피가 끓어 왕왕 밤새도록 잠 못 이루고 베개에 눈물 자국을 남기곤" 하는 자신의 처지와 거사계획을 상의하지 못하고 돌아와서, "우리들 초야의 보잘 것 없는 백성에게도 충심과 의분심이 있는데 저 지위 높은 점잖은 분은 이런 때에 의당 남다른 생각이 있어야 할 터인데 아무런 소문이 없음"을 탄식하는 편지를 쓴 후 임청각 군자정에 앉아 탄식하며 자신의 심회를 토로하였다.

　인의를 고담高談한 지 5백여 년이거늘
　저 오랑캐와 전혀 다를 바 없게 되었네
　동해에 빠져 죽겠다 하는 사람이 없다면
　당시의 노중련魯仲連에게 몹시 부끄러우리라

호로胡老[12]의 봉사, 송에도 사람이 있었으니
지금토록 생기가 늠름하여 새롭네
우리는 관직이 없는 사람이라고 말하지 말라
우로雨露는 머리 위에서 분명히 똑 같으니라

정예의 병사 십만은 비휴貔貅와 같고
창고에는 군량을 싸고도 남을 곡식이 있네
한번 싸운다면 오히려 승패를 볼 수 있겠거늘
괜히 앉아만 있다가 큰 금사발大金甌 잃어 버렸네

협착한 천지는 작은 구멍 같나니
이 작은 몸이 편안하게 있을 곳이 없네
침침한 긴 밤이 어느 때에나 밝으려나
젊을 때 병서 읽지 않은 게 후회될 뿐이네

동구東邱 이준형李濬衡이 쓴 「선부군유사」에는 선친의 행적을
이렇게 기술해 놓았다.

부군은 몹시 탄식하며 말하기를,
"영토의 의리가 소중한데 지금 어찌 오직 두려워하고 조심함만 일
삼겠는가?"
하였다. 이에 여러 책들을 묶어놓고 읽지 않고 날마다 호걸들을
맞아들여 왜적을 치고 방어하는 방도를 강구하였다.

---

12) 호로胡老 : 송나라의 충신 호전胡銓을 가리킨다.

# 왜적을 치기 위해 가야산으로

을사늑약을 무효로 하고, 을사오적을 처단하라고 3차례 상소를 했던 시종부 무관장 민영환이 끝내 자결하였다.

"아, 우리나라 우리민족의 치욕이 이 지경에 다다랐구나. 생존경쟁이 심한 이 세상에 우리 민족의 운명이 장차 어찌 될 것인가! 살기를 원하는 사람은 반드시 죽고 죽기를 맹세하는 사람은 살아 나갈 수 있으니, 이는 여러분이 잘 알 것이다. 나 영환은 죽음으로써 황은을 갚고 우리 2천만 동포에게 사죄하려 한다. 영환은 이제 죽어도 혼은 죽지 아니하여 황천에서 여러분을 돕고자 한다. 바라건대 우리 동포형제여, 천만 배나 분려奮勵를 더하여 지기志氣를 굳게 갖고 학문에 힘쓰며 마음과 마음을 합하고 힘과 힘을 아울러 우리 자유·독립을 회복할지어다. 나는 지하에서 기꺼이 웃겠노라. 아, 조금도 희망을 잃지 말라. 대한제국 이천만 동포에게 마지막으로 고한다."

그는 온 국민이 죽음을 맹세하고 분발하여 국권회복에 나설 것을 호소하였다. 또한 그는 각국 공사에게 보내는 유서에서 일본의 한국침략 사실을 환기시키고 자주독립을 위하여 일어선 한국 국민을 도와 달라고 부탁하였다. 그의 자결 소식과 국민에게 보내는 유서는 「대한매일신보」 등에 일제히 보도되어 온 국민에게 큰 충격을 주었다.

이에 앞서 민영환은 정1품 의정부 참정대신으로 있다가 일제와 그들 앞잡이들과의 대립으로 시종부 무관장으로 좌천되었다. 그는 일제가 러일전쟁을 일으키면서 일본군을 대한에 무단 상륙시킨 후 부왜인 이지용을 회유하여 한일의정서를 체결하는 침략 정책을 자행하자 이를 격렬하게 성토했기 때문이었다. 더욱이 일제가 군대를 동원하여 궁궐을 에워싼 후 광무황제와 대신들을 위협, 을사늑약을 체결하여 대한의 황제 아래 일본인 통감을 두고, 통감부를 설치하여 우리나라를 다스리겠다고 하니, 민영환은 조병세와 함께 백관을 거느리고 상소하여 을사늑약 파기와 을사오적을 처벌할 것을 요청하였다. 그러나 광무황제가 이를 받아들이지 않으므로 다시 상소를 올리고 대안문大安門(현 대한문) 밖에 엎드린 채 대답을 기다렸으나 일제는 헌병을 동원하여 조병세와 민영환 등을 체포하였다.

그는 석방된 후에 상소가 아무 소용이 없음을 통감하고 광무황제와 외국 공사, 국민에게 보내는 유서를 남기고 그 해 11월 30일 자택에서 칼로써 자결하였던 것이다.

민영환의 자결 소식이 전해지자, 그날 어전회의가 열렸다.

시종부 무관장 육군 부장副將 민영환이 신한일조약에 분개하여 칼로써 자결하였다. 조령을 내리기를,

"이 중신重臣은 타고난 성품이 온후하고 의지와 기개가 바르며, 왕실의 근친으로서 곁에 가까이 있으면서 보좌한 것이 많았고 공적도 컸다. 짐이 일찍부터 곁에 두고 의지하며 도움 받던 사람인데, 이 어려운 때에 괴로운 심정이 절절하여 분연히 제 몸을 돌보지 않고 강개하고 격렬해져 마침내 자결하였으니, 충성스럽고 의로운 넋은 해와 별을 꿰뚫을 만하다. 짐의 마음의 비통함이 어찌 다함이 있겠는가?

졸한 육군 부장 민영환의 상에 동원부기 1부를 실어 보내고, 궁내

부에서 1등급 예장禮葬을 기준으로 지급하여 겸장례兼掌禮를 보내어 호상하게 하고, 장사는 영선사에서 거행하게 하라.

의정 대신의 직임을 추증하고, 예식원에서 정문을 세우고 시호를 주는 은전을 시행하게 하되, 시장諡狀을 기다릴 것 없이 정문을 세우기 전에 시호를 의논하도록 하라. 성복하는 날 정경正卿을 파견하여 치제하게 하되, 제문은 마땅히 친히 지어서 내려 보내겠다. 모든 관리들은 나아가라."

하였다.

- 『조선왕조실록』. 1905년 11월 30일

민영환이 외국 공사에게 보낸 유서와 그의 장례식 모습이 『매천야록』에 실려 있다.

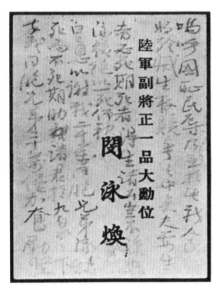

명함에 연필로 다급하게 쓴 유서

"이 민영환이 나라를 위해 잘하지 못해서 국세國勢·민계民計가 이에 여기에 이르렀으니 한갓 한번 죽음으로써 황은을 갚고 2천만 동포에게 사죄하노라.

죽는 자는 그것으로 그치나 이제 우리 2천만 인민이 장차 생존경쟁하는 가운데 진멸할 것이니 귀 공사들은 어찌 일본의 행위를 살피지 아니하는가? 귀 공사 각하께서 다행히 천하의 공의가 중하니 돌아가 귀 정부와 인민에게 보고하여 우리 인민의 자유 독립을 도와준다면 죽어도 마땅히 웃으며, 죽어진 후에도 기꺼이 감사하겠소.
  슬프다! 각하들께서는 우리 대한을 경시하거나 우리 인민의 혈심
血心을 오해하지 말기를 바라오."

  황현은 『매천야록』에서 충정공 민영환의 장례식 장면을 자세
히 기록하였다.

충정공 민영환의 장례식

11월 21일(양력
12월 17일-필자 주)
민영환을 용인 땅에
장사지냈다.
  황제께서는 친히
계단을 내려가서 그
를 떠나보내면서 경
례를 표시하였고, 각
국 공사·영사들은
모두 와서 조의를
표하며 관을 어루만
지며 슬피 울었다.
위로는 진신搢紳으로부터 아래로는 하인·부녀·걸인·각 사원의 승
도에 이르기까지 거리에 쏟아져 나와 울며 보내니 곡성이 원야를 진
동시켰다. 전동에서 한강에 이르기까지 겹겹이 싸여 배진排陣을 친
것 같았으며, 영구를 보내는 성황은 근고近古에 없었을 만큼 성황을
이루었다.

  이어 전 의정부 의정 조병세, 전 참판 홍만식, 학부주사 이상
철, 평양징상대 상등병 김봉학, 전 경연관 송병선 등 수많은 애국

지사들이 자결하여 의분을 불러일으켰는데, 광무황제는 이들의 충절을 높이 기리고, 후히 장례를 치렀다. 특히 상등병 김봉학에게도 정3품 법부 참서관 훈4등을 추증하고, 그의 집 대문에 정문을 세우게 한 후, 직접 제문을 내려 후히 제사를 지내게 하였다.

광무 9년 을사년 11월 경오 삭 9일 무인에 황제는 신 예식원 장례 이창선을 보내서 증 법부 참서관 김봉학의 묘에 치제하노라.
국사가 위험하고 긴박하니 충성스런 분노가 격렬하여 다른 생각을 할 겨를이 없이 목숨을 가벼이 하여 절개를 지켜 나라를 위한 대의가 일월과 같이 빛난다. 몸은 군위軍位에 있으나 생각은 커서 윤균단침輪囷丹忱(높고 크게 진심으로 충성함-필자 주)은 옛날부터 잊지 않았도다. 이에 순국했으니 고상하고 아름다움을 무어라고 찬미해야 좋을까? 전례로 작설綽楔하여 치하하니 신은 흠향하오.

온 나라가 을사늑약의 체결로 인해 분노와 울분으로 들끓고 있던 1905년 겨울, 석주는 한성의 김현준金顯峻, 거창의 차성충車晟忠, 영춘(현 단양군 속면)의 김상태金尚台, 용궁(현 예천군 속면)의 이규홍李圭洪 등과 비밀리 만나기도 하고, 서신을 주고받으며 의병을 일으키기로 하였다.
석주가 이규홍에게 보낸 시는 을사늑약 이전인 1905년 봄이었는데, 일제가 러일전쟁을 일으키고, 한일의정서로 사실상 외교권을 빼앗았기 때문에 이한응 열사가 죽음으로써 항거했는데도 고관대작이나 명망 있는 유학자들이 꿀 먹은 벙어리처럼 하고 있는 현실에 대하여 부끄럽다는 말을 하였다.

온 땅이 모두 춘삼월이거늘

동쪽 울타리만은 가을이네

먼저 시든 것은 애석해 하겠지만

늦게까지 피어있는 것도 부끄러워하리라

뭇 방초가 대지를 휩쓸고 있나니

곧은 정절은 가을에만 적합한 것이네

늦게까지 피어있는 것을 끝내는 어찌 한하랴마는

무릇 이와 같이 부끄러워할 줄 알아야 하리라


석주는 한성에서 김현준이 편지를 보내오자 의병을 일으키기 위해 함께 준비하던 은표隱豹 차성충과의 만남을 주선해 주겠다는 의지를 밝히고 있다.


한 번도 만나 뵌 일은 없으나 아름다운 명성은 익히 듣고 있었습니다. 뜻밖에도 먼저 보내주신 귀한 서찰을 받으니 마음에 부쳤던 흠모에 한 점 그늘이 없이 개인 듯 크게 위안이 됩니다. 이는 옛 사람의 의리이지만 용렬한 저 자신을 돌아보건대 어찌 이런 복을 얻었는지요? 백 번 봉함을 열고 읽으면서 감사와 송구함을 함께 느낍니다.

이 적막한 동강(가야산-필자 주)을 제갈량의 남양南陽에 견주신 데 이르러서는 말씀을 감히 받들지 못 받들지를 아직은 논하지 군자에겐 말실수가 어찌 사소한 일이겠습니까? 하지만 제 마음은 종전의 광증인지 한번 읽자 눈물이 떨어지고 두 번 읽자 머리카락이 고추 서고, 세 번 읽자 가슴이 뛰고 간담이 찢어지는 듯하여 저도 모르게 벌떡 일어나고 말았습니다.

집사와 표우豹友(은표 차성충-필자 주)를 만나도록 하는 일은 반드시 한번 분발하겠습니다.

그리고 김현준이 아들 편으로 석주에게 편지를 보낸 사실이 드러나고 있다. 이 편지 속에 거의와 관련해서 여러 가지 건의를 한 것으로 보이며, 특히 운강雲崗 이강년李康秊을 추천한 것에 대하여, "명성은 귀에 익은 지 오래이고, 표우의 명성과 동렬이기에 조만간 재를 한번 넘어갈 작정"이라고 말하고 있다.

아드님은 귀가한 후에 찬바람 쐬고 감기나 들지 않으셨습니까?

지난번 헤어질 때는 실로 마음에 미안한 것이 많았는데 지금 편지의 말씀에도 도리어 미안하다 하시니 어찌나 부끄러운지 땀이 날 지경입니다.

운강은 비록 평소의 안면은 없으나 명성은 귀에 익은 지 오래입니다. 그가 귀하께 인정[知許]을 받음이 이와 같다면 표우豹友의 명성과 동렬에 비길 수 있지요. 훌륭한 분들과 일일이 친교를 맺고 계신 귀하의 폭 넓은 교우관계를 경하드립니다. 조만간에 재를 한번 넘어갈 작정인데 집사의 생각은 어떠신지요? 묵묵히 하회를 기다릴 뿐입니다.

도체찰사 운강 이강년 의병장

석주는 우국지사들과 직접 만나거나 서신을 통하여 동지를 규합한 후 마침내 직접 의병을 일으키고자 하였다.

"나랏일이 이 지경에 이르렀으니, 의리상 가만히 앉아서 망하는 것을 보고 있을 수만은 없다."

하고, 의병 거의에 필요한 군자금을 마련하였는데, 본인과 매부 박경종朴慶鍾이 함께 마련한 15,000금金, 이규홍이 10,000금과 남세혁南世爀이 논 20두락을 내놓은 것이었다.

『석주유고』와 『동구유고』에 "금金" 또는 "일금一金"으로 기록하고 있다. 1901년부터 대한의 화폐단위 '환'과 일본돈 '원' 단위의 화폐가 통용되었는데, '1환=1원'이었기에 각 1만 5천 원, 1만 원으로 보는 것이 타당하다. '냥兩'이었다면 그대로 표기했을 것인데, 당시 화폐 통용 형태가 혼란스러웠던 시기였기에 '금金'으로 적었던 것으로 보인다. 당시 1환의 가치는 5~6냥에 해당되며, 1903년 쌀 1석 가격은 1원 8전이었으니, 당시로서는 거금이었다.

석주는 차성충을 의병장으로 삼아 가야산에 진지를 구축하고자 했던 것이 1905년 겨울이었다. 그는 진지가 구축되면 무기를 장만하고, 의병을 모을 계획이었다.

> 가야산 아래에서 한 해를 보내나니
> 나그네 방 등불에 눈 내리며 휘날리네
> 고향으로부터는 소식이 멀고
> 안면 있는 고인들은 드무네
> 세상을 논하면서 큰 이를 잡고[13]
> 몸을 근심하면서 큰 거북에게 물어보네[14]
> 올해 나이 마흔하고도 아홉
> 이로부터 지난날의 잘못을 알겠네

---

13) 전진前秦의 왕맹王猛이 동진東晉의 대장 환온桓溫에게 찾아가 담론할 때 태연하게 이를 잡으면서 했다는 고사를 빗대어 표현함.
14) 한나라 엄군평嚴君平이 시구蓍龜로 점을 쳐 준 일에 빗대어 표현함.

이 시에서 "지난날의 잘못"은 전기의병 때의 어설펐던 의병투쟁으로 실패했던 점을 반면교사로 삼겠다는 의지를 드러낸 것으로 보인다. 석주는 진지를 구축하는 일을 차성충에게 일임한 후 귀가하여 의병을 일으킬 준비를 하느라고 동분서주할 무렵, 경북지방에서는 안동을 중심으로 의병에 참여하려는 민중들의 열기가 매우 높아서 광무황제는 이들을 해산시키고자 선유사를 파견했으니, 후기의병 때 선유사 파견은 이때가 처음이었다.

> 의정부 참정대신 박제순, 내부대신 이지용이 아뢰기를,
> "듣건대 영남의 안동 등지에 추악한 백성들이 집결하여 의리를 제창한다는 핑계를 대고 무기를 휴대하였는데, 창궐한 기세가 아주 성하다고 합니다. 청송군수 안종덕을 경상북도 선유사로 차하하여 그로 하여금 급히 가서 효유하여 해산시키게 하는 것이 어떻겠습니까?"
> 하니, 윤허하였다.
> － 『조선왕조실록』, 1906년 5월 29일

부왜인 박제순, 이지용 등이 경북에 선유사 파견을 요청한 것은 당시 충남 홍주·청양을 중심으로 거의한 민종식閔宗植 의진이 홍주성을 점령하고 관군·일본군 혼성부대와 격전을 벌이고 있을 때였기에 안동을 중심으로 한 경북의병들의 규모가 더 커지기 전에 차단하기 위한 일제의 전략이었던 것으로 보인다.

그러나 선유사의 노력에도 아랑곳하지 않고 안동 인근 여기저기서 거의했다는 소식이 들려오고, 군자금 협조를 요청하는 사람들이 하루가 멀다 하고 찾아왔는데, 그 중에서 김상태·신돌석·이

강년 의병장의 의진에서 보낸 사람들도 있었다. 김상태 의병장은 이강년 의진과 합진하여 중군장으로 활약하게 되었다. 그들은 전기의병 때도 활약한 의병장이었는데, 1906년 봄에 다시 의병을 일으켜서 무기와 의식주 해결을 위한 군자금이 필요했기에 부호가들에게 협조를 요청한 것이었다. 석주는 이들에게 군자금을 보내주는 한편, 가야산에서 진지를 구축하고 의병 거의에 만전을 기하도록 하였다.

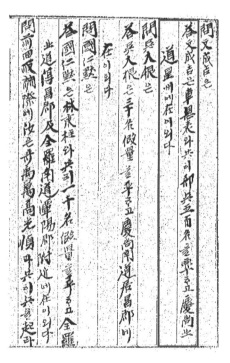

은표 차성충의 의병이 500명이었다고 기록한 일제의 『폭도에 관한 편책』

드디어 가야산 진지 구축이 거의 완료되어 1908년 음력 2월에 거의하기로 정하였다. 차성충 의진은 의병을 모집하고 무기를 구입하여 훈련하는 과정에서 일본군의 기습을 받게 되었다. 의병들은 채 훈련도 안 된 상태였기에 제대로 싸워 보지도 못한 채 살상되거나 뿔뿔이 흩어져 버렸고, 수많은 무기와 군수품은 빼앗기게 되었다는 소식을 듣고 석주는 2년 동안 준비해 온 꿈이 물거품처럼 사라지게 됨을 보고 허탈할 수밖에 없었다.

1908년 7월 초순 경북과 충북은 물론 강원도까지 일본군을 쳐부수었던 이강년 의병장이 피체되었다는 소식에 이어 그 해 11월에는 신돌석 의병장마저 비명횡사했다는 비보를 듣고 탄식하며, 깊은 상실감에 젖어 들었다.

> 박경종과 함께 일금—金 1만 5천을 마련해서 차성충에게 군자금으로 주어 용사들을 고무하여 일어나게 하였다. 이 외에도 호서의 의사인 신돌석·김상태 등과 서로 내응하여 심복으로 삼았다. 그러나 얼마 못 가서 차성충의 일이 실패로 끝나고, 신돌석과 김상태의 의병도 몰살되었다. 공은 탄식하기를
> "암혈巖穴에 거처하면서 승패를 점쳐 보았는데, 하나도 적중되지 못했으니, 이는 반드시 시국에 어두워서 이렇게 되었을 것이다."
> 하였다.
>
> — 『국역 석주유고』, 「행장」, 152쪽

1909년 음력 2월, 석주는 안동경찰서에 구인되었다. 이른바 "비도匪徒와 연락을 취하였다"하여 수차례 고문을 가하였으나, 그는 작은 실수도 없이 차분히 답하였다.

이윽고 군민들이 석주를 위해 억울함을 호소하고, 심지어는 경찰서 문 앞에서 통곡하는 사람까지 있게 되니, 일본 경찰들도 더 이상 해치지 못하고 석방하였다.

# 협동학교와 대한협회 안동지부에서

석주는 가야산 의병이 무너지고, 믿었던 경북의 유력 의병장이 사라진 상황이 되자 국권회복을 위한 길이 무엇인가를 깊이 생각하게 되었다.

오십년간 공맹서孔孟書를 보아왔나니
누에실처럼 복잡하게 얽힌 의리 빠짐없이 분석해 놓았네
결국에는 말에 불과할 뿐이니 어찌 도움이 되랴마는
몸을 돌아보건대 도리어 사람의 옷 입고 있는 게 부끄럽네

도도한 웅변으로 유신을 이끌어내었고
자임한 바는 가볍지 않았으니 애국하는 몸이었네
섬 오랑캐 옷 입고 머리 깎고서 무슨 일 이루랴
끝내는 나라를 팔아서 다른 이에게 주어버렸네

북소리 둥둥둥 우레처럼 울리며
하늘을 찌르는 의용은 참으로 웅대하네
추초鄒楚[15)는 결국은 대적이 안 됨을 또한 아는지라
장정이 날마다 줄어들고 줄어드네

청구靑邱의 백성들도 또한 적지 않나니
음이 다하면 양이 생겨나는 이치가 어찌 어긋남이 있으랴
십년을 교육한다면 오히려 희망이 있으리니

---

15) 추초鄒楚 : 전국시대의 추나라와 초나라. 추는 작은 나라였고 초는 큰 나라였다.

'하늘을 찌르는 의용은 참으로 웅대하였는데, 추초는 결국은 대적이 안 되었고, 장정이 날마다 줄어드네.'라는 구절에서 당시 의병의 모습을 단적으로 표현한 것이다. 그는 전·후기 의병투쟁을 통하여 깨달은 바는 자신이 "시국에 어두워서" 그렇게 되었다고 한 것이다. 그래서 동서 열강의 서적을 구해서 읽어 보고는 세계의 대세와 "일본군을 소수의 오합지졸로는 대항할 수 없다는 것을 깨닫게 되어 비로소 생각을 바꾸어 뭇 사람의 마음을 모으고 인재를 기르는 것을 근본사업으로 삼았다."고 「행장」에 기록하고 있다.

석주는 "뭇 사람의 마음을 모으고 인재를 기르는 것"을 김대락과 상의를 하였는데, 두 사람이 함께 지은 시에서 인재를 모으고 기를 부푼 기대 속에 날이 새는 줄 모르고 있다.

> 세상은 취해 꿈속에 있고 당신만 깨어 있나니
> 산문山門16)으로 찾아와 주심에 반갑게 맞이하네
> 바둑판의 나라처럼 승패는 일정함이 없는 것이요
> 운명 속의 별처럼 막힘과 통함에는 운수가 있네
> 케케묵은 시와 예에 매여 있는 건 참으로 부끄럽지만
> 상구桑龜17)를 가벼운 이야기처럼 하는 건 경계해야만 하네
> 백발로 만났기에 앞날에 대한 기약이 아득하지만
> 참으로 고맙게도 상제께서 비를 흠뻑 내려 주시네

---

16) 산문山門 : 여기서는 도곡에 있던 석주의 옛 집을 가리킴.
17) 상구桑龜 : 상구계桑龜戒. 거북을 삶는 데는 뽕나무로 불을 때야 하는 비밀을 엿듣는다는 고사를 빗대어 말을 삼가야 한다는 의미.

1903년 광무황제가 영남 여러 서원에 근대식 학교를 세우라는 윤음을 내리자, 안동의 계몽론자 유인식柳寅植은 동지들과 학교를 설립하고자 하였으나 유림의 완강한 반대로 뜻을 이루지 못하였는데, 1907년에 큰 변화가 생겼다. 유인식이 여강서원의 재산을 기금으로 김동삼金東三·김후병金厚秉·하중환河中煥 등과 상의하여 협동학교를 설립하게 된 것이었다. 교장에 김병식金秉植, 학감에 유창식柳昌植이 맡았고, 유인식은 교무주임을 맡았으며, 교사는 주로 한성사범학교 출신의 신진 청년들을 초빙하였다. 그러나 신식교육에 대한 유림의 반대가 완고하였다. 유인식은 유림당회儒林堂會에서 사문난적으로 지목되기에 이르렀고, 김도화 문하에서 파문을 당하는 곤욕을 치렀으나 석주와 김대락의 협조가 큰 힘이 되었다.

　특히 김대락은 설립 초기에는 반대 입장이었으나 석주가 조카인 운형運衡·문형文衡을 협동학교에 입학시키자 그의 입장을 지지하여 자기 아들 형식衡植을 그 학교에 보냈다. 그리고 협동학교로 사용하던 여강서원을 보수하기 위해 대체할 장소를 물색할 때 자신의 집을 제공할 정도로 협조적이었다.

　1908년 11월 석주는 대한협회로부터 안동지회 설립을 요청하는 편지를 받게 되었는데, 수차례 편지를 주고받은 뒤에 그 요청을 수락하였다. 이듬해 3월부터 안동 군민을 상대로 한 대한협회 가입 권유서에서, "주나라 왕실을 높인 공자와 제나라와 양나라의 임금에게 왕도를 권한 맹자, 천하구제를 위해 자기 집을 지나면서도 들어가지 않은 우임금과 누추한 마을에서 안빈낙

여강서원 보수 때 협동학교로 사용되었던 백하구려

도한 안연이 각각 시의時宜가 있다."는 것으로써 군중을 깨우쳤
더니, 몇 달이 안 돼 안동지회에 가입한 사람이 "거의 수천 명
에 이르렀다"고 하니, 석주를 따르고 지지하는 군민들이 얼마나
많았는지 알 수 있다.

　이때 일제가 경찰권은 물론, 사법권과 감옥의 관리 및 감독권
마저 완전히 빼앗자 대한협회 부회장 권동진權東鎭에게 편지를
보내어 협회가 침묵하고 있는 것을 힐문하였다.

　"근자의 이른바 '두 건의 협약'은 국가의 현재 상황 및 민생의 장
래와 크게 관련된 것이니, 우리 협회로서는 가만히 침묵만 하고 있
을 일이 아니며, 또 수많은 사람들의 이목이 우리들에게로 쏠려있는

데도, 아직까지 일자 성명도 없으니, 일이 대수롭지 않아서 쟁론할 만한 것이 못 된다고 여겨서 입니까, 아니면 협회의 세력과 능력이 부족하여 어쩔 수 없다고 여겨서입니까? 그러나 우리 협회가 말하지 않는다면, 이 여론의 들끓음을 어떻게 표현할 수 있겠으며, 인심의 흩어짐을 어떻게 수습할 수 있겠습니까?"

협동학교 교직원 - 중간과 뒷줄 왼쪽이 각 유인식, 김동삼 의사

얼마 후 대한협회는 부왜인 단체인 일진회와 연합한다는 소식에 안동지회 위원을 대한협회 본회가 있는 경성으로 파견하여 강력히 항의하였고, 본회에서 '지회는 정치적인 행동을 하지 말고 계몽활동에 노력을 기울이라'는 공문을 보내오자, 많은 사람들이 탈퇴하기에 이르렀다.

석주도 대한협회가 강령에 나와 있는 교육의 보급, 산업의 개발, 생명 재산의 보호, 행정제도의 개선, 관민폐습의 교정 등을 고취하는 방향으로 나아가지 않음에 계속 편지를 보내어 항의하고, 대한협회 안동 지회 활동을 중지하였다.

경술국치를 눈앞에 둔 1910년 7월 18일, 협동학교 교사 2명 과 학생 1명이 최성천崔聖天 의병장이 이끄는 의병들에 의해 살 해되었다. 최성천 의병장은 충주 출신으로 김상태 의진과 연합 해서 의병투쟁을 벌였는데, 교사와 학생을 살해한 이유는 '삭발' 때문이었다. 삭발 후 머리를 기르고 있던 자와 삭발을 했더라도 어린 학생은 살려 주었기 때문이었다.

> 수괴首魁(의병장-필자 주) 최성천이 이끄는 폭도 18명이 7월 18일 오후 3시경 안동군 현내면 사립협동학교를 습격하여 3명은 교문 밖 에서 망을 보고 다른 15명은 교내로 틈입闖入하여 교원 및 생도 좌 기 3명을 살해함.
> ●동교 교원
>   경성 중부 사동 안상덕安商德 32세
>   경성 중부 마동 김기수金基壽 24세
> ●동교 생도
>   봉화군 녹동 이종화李鍾華 29세
>                    - 국사편찬위원회, 『한국독립운동사』 자료 18권. 483쪽

이에 대한협회 대구지부에서는 호상위원회를 조직하기 위하여 연설회를 개최했지만, 정작 안동지부에서는 특별한 모임을 갖지 않았고, 석주는 시를 지어 교사 2명의 죽음을 애도하였다.

1909년 12월 4일 일진회장 이용구는 「일한합방상주문日韓合邦 上奏文」을 내각총리 이완용에게 제출하였다.

일진회장 이용구 등 1백만 회원은 2천만 국민을 대표하여 머리 숙여 재배하면서 내각총리대신 이완용 각하에게 삼가 말씀을 올립니다. …

이용구 등이 삼가 살피건대, 우리 대한국의 자리는 대일본제국의 도움과 보호에 의해서 그 안전을 보전하며, 또한 근심할 바가 없는 것 같습니다. 그러나 이것을 과거로써 미루어 장래를 생각할 때, 우리 대한국의 앞길은 멀고 아득하여, 또한 깊은 근심을 금할 수 없는 바가 있습니다. …

1909년 12월 4일

일진회장 이용구 등 1백만 인

「일한합병상주문」

이용구의 매국 행위에 대하여 풍문처럼 들었는데, 그 풍문의 실체를 일반 사람들이 알게 된 것은 경술국치를 눈 앞에 둔 시점이었으니, 일제와 부왜인들이 짜고 한 일이었다. 일제와 부왜인들은 국민적 분노가 폭발할 것을 염려하여 일진회원을 100만이라 하여 일진회가 마치 대한의 국민이 엄청나게 지지하는 단체처럼 꾸민 것이었다. 일진회는 경의선 철도를 건설하면서 '일진회에 가입해야 노동자가 될 수 있다'하여 노동자들을 대상으로 가입시킨 12만과 기타 2만여 명에 불과한 단체였다.

석주는 중추원의장 김윤식에게 편지를 보내 이를 강력히 항의하였다.

　저 일진회의 흉악한 괴수 이용구는 본래 정기를 그르치는 종자로서 무뢰배를 결집하고는 효경梟獍의 악풍과 살모사의 독기를 방자하게 남발하였습니다. 국운의 초췌와 생령의 곤궁함이 점점 심하여 전국의 인민들이 이를 갈며 침을 뱉고 꾸짖어 그를 똑바로 보지 않은 지가 지금 6, 7년입니다. …

　아아, 비통한 일입니다. 국권[邦權]이란 국민의 국권이지, 이용구가 감히 멋대로 움직일 수 있는 것이 아닙니다. 여론이란 국민의 여론이지, 이용구가 감히 사칭할 수 있는 것이 아닙니다. 우리는 단군·기자[18] 이후, 4천년 역사의 신성한 민족인데, 이런 추악한 역당에게 오욕을 당할 줄 어찌 알았겠습니까?

하고, 송병준·이용구 등을 처단할 것을 주장했으며, 이른바 '한일합방'이 되었다는 소식에 "당당한 상류의 인사"로 구성되었다는 대한협회 본부에 울분을 터뜨렸다.

　시국의 일이 망극하다! 어찌 우리 4천년 신성神聖의 후손이 하루아침에 망국의 인종으로 바뀔 줄을 생각이나 했겠습니까? 죄는 실로 자신에게 있으니 누구를 원망하고 누구를 탓하겠습니까? 땅을 굽어보고 하늘을 우러러보기가 부끄러워 다만 바로 죽지 못한 것이 한탄스러울 따름입니다. 이런 즈음에 여러분들의 안부를 묻는 것도 겉으로 꾸미는 말이 될 터이고, 양측 지방의 안부는 접기로 합시다.

　사변 이래로 꼭 반 달이 지났습니다. 혹 국민의 한 목소리가 있는

---

18) 단군·기자 : 으레 사용한 말. 석주는 기자가 조선(고조선)에 오지 않았음을 인식하고 있었음이 그의 유고에 드러나고 있다.

가 하여 서쪽을 향하여 귀를 기울이지 않았다고는 할 수 없지만, 만
규萬竅가 고요하니 드디어 벙어리 나라가 되어 버렸습니다. 이른바
보도는 전혀 잠꼬대와 같고, 2천만 민족이라는 것도 일시에 썩어 문
드러져 가죽 속에 도대체 생생한 피 한 방울도 없다는 말입니까?
다른 사람은 논할 것도 없고 우리들 당당한 상류의 인사로서 차마
입을 다물고 말하지 않음으로써 꿀 먹은 벙어리의 생활을 하는 것인
가요? 국가는 이미 끝났습니다! 우리들은 자기 일신을 어떻게 살아
야 합니까?

  아! 여러 각하들의 뜻을 감히 추측하렵니다. 어찌 '우리 회의 당초
목적이 거의 망해가는 판국을 유지하는 데에 있지 않고, 실은 이미
망해 버린 뒤에 새로운 국가를 건립하는 데 있는 만큼 오늘의 사변
은 진실로 예측한 것입니다. 무익한 말을 함부로 떠들어 갖은 방해
만 자초하는 것보다는 차라리 분을 머금고 아픔을 참으며 후일을 도
모하기로 기약하는 것이 좋다.'는 말이 아니겠습니까?


  대한협회의 지도부는 일제의 이른바 '보호정치'를 대한를 위한
문명지도쯤으로 인식하고, 을사늑약은 대한이 부강해지면 자연
스럽게 취소되면서 국권회복이 이루어질 것이라는 낙관적인 전
망을 하고 있었다. 이 같은 견해는 실력을 배양해서 국권을 회
복하겠다는 석주의 취지와는 다른 것이어서 그는 대한협회가 일
제의 침략적 행위와 함께 일진회와 연합한다는 이야기를 들은
후에는 손을 끊은 것이었지만, 기울어져 가는 나라의 국권을 회
복하기 위해 지푸라기라도 잡겠다는 심정으로 정열을 쏟았던 것
이었다.

# 조국광복 찾으러 서간도로

## 함께 죽기로 맹세했는데

경술국치 소식이 안동 고을에 전해지자 향산 이만도 선생이 식음을 전폐하고 순국하였다. 향산은 석주와 사돈지간이었다. 향산의 맏아들 이중업李中業의 아내 김락金洛이 석주의 부인 김우락金宇洛의 동생이었다.

석주는 향산의 장례식에 참석하여 눈물을 흘리며 비통한 심정으로 만사를 썼다.

옛날에는 궐리闕里가 도덕의 연원이었고
지금은 수양산이 삼강오상의 일월이네
무슨 마음으로 삼천리 강토를 버리고 가셨나
외로운 무덤을 남겨서 영원히 공경되게 하리라

동토東土의 의관이 모두 노예가 되었으니

추생鰍生이 어찌 쇠잔한 몸을 아끼고자 하리요
망설이며 결단하지 못한 건 다른 뜻이 아니라
오를 멸망시킨 범대부范大夫가 있었기 때문이었네

이어 향산의 4종질 이중언李中彦도 식음을 전폐하고 순국했다. 그는 일찍이 문과에 급제하여 사간원 정언, 사헌부 지평을 지낸 후 벼슬을 내놓고 향산을 좇아 후진을 양성하던 유학자였다. 을미왜란에 향산의진의 부장副將으로 나서면서 상중에 있던 석주와 생사를 같이하기로 맹서한 사이였다. 을사늑약 후에는 향산의 아들 이중업과 함께 을사늑약을 폐기하고 을사오적을 처단하라는 상소를 올리기도 하였다. 그가 단식으로 순국할 무렵 일본 경찰이 와서 음식을 먹도록 강권하라고 식구들에게 소란을 피우는 소리를 듣고, 때마침 기운이 없어 베개에 의지하고 있던 그는 일본 경찰에 호통을 친 후, 의관을 정제하고 똑바로 앉은 채 순국하였다는 소식에 석주는 눈물을 흘리며 추모하였다.

군탄涒灘19)으로부터 함께 죽기로 맹세한 이래로
흉중에는 십여 년 서슬퍼런 검광劒光이 번득였네
인을 이루고 의를 취하는 게 어찌 쉬우랴 마는
욕됨 무릅쓰고 구차히 살아가니 얼굴에 땀이 비 오듯 하네

---

19) 군탄涒灘 : 간지가 신申에 해당하는 해를 가리킨다. 여기서는 병신년丙申年(1896)을 가리킨다.

# 나라는 빼앗기고

나라는 빼앗기고 수많은 의병장과 의병, 우국지사들의 순국을 지켜본 석주는 같이 저승으로 가지 못한 것이 부끄러워 외출을 삼가고 있을 때인 동짓달 어느 날 황만영·주진수가 양기탁 및 이동녕의 뜻을 전달하러 왔다. 간도로 가서 광복을 도모하자는 것이었다. 그들은 신민회新民會의 중심인물들이었다.

신민회는 1907년 4월 안창호의 발기로 양기탁·전덕기·이동휘·이동녕·이갑·유동열 등 7인이 창건위원이 되고, 노백린·박은식·신채호·이강·이승훈·이시영·이종호·이회영·조성환·주진수 등이 중심이 되어 만들어진 전국 규모의 단체였다.

신민회에서는 국권회복을 위해 가장 많은 힘을 쏟은 것이 신교육구국운동이었다. 이를 위해 계몽활동을 통하여 애국주의, 국권회복, 학교 설립 등의 활동에 주력하였고, 국권회복의 주체가 청년층이 되어야 하기 때문에 청년운동을 하게 되었는데, 주로 청년학우회를 중심으로 전개하였다.

신민회는 처음의 입장을 바꿔 국내에서 실력양성을 위한 여러 가지 계몽운동을 전개하면서, 한편으로는 국외에 무관학교를 설립하고 독립군기지를 창설하여, 기회가 오면 독립전쟁을 일으켜서 독립군이 국내에 진입하여 내외 호응하여 봉기, 일거에 일제를 물리치고 실력으로 국권회복을 한다는 것이었다. 이처럼 신민회가 국외에 무관학교 설립과 독립군기지 창설 문제를 최초로 검토한 것은 1907년 8월이었다. 일제가 1907년 7월 31일 대한의 군대를 강제로 해산하고 그 이튿날 해산식이 있자, 해산당한 군인 상당수가 의병에 합류하게 되었다. 신민회는 의병이 일본 군경과 전투를 할 때 반드시 갖추어야 할 요소로 군사훈련과 무기의 현대화를 절감하고 있었다.

그러나 1907년부터 1908년 말까지 의병투쟁의 문제점을 정확히 포착하고 있으면서도 이에 대한 대책을 세우지 못한 가운데 의병투쟁은 시들어 갔다. 신민회가 국외의 무관학교 설립과 독립군기지 창설을 실천에 옮길 것을 논의한 것은 1909년 봄이었다. 이때 신민회는 양기탁의 집에서 전국 간부회의를 열고, 국외에 적합한 후보지를 골라 무관학교를 세우고 독립군기지를 창설하여 현대전에서 승리할 수 있는 강력한 독립군을 양성하기로 하였다.

그런데, 이 사업이 실천에 들어가기도 전에 1909년 10월 안중근이 이토伊藤博文를 총살한 하얼빈의거가 일어났다. 일제는 하얼빈의거와 관련하여 안창호·이동휘·유동열·이종호 등 신민회 간부들을 붙잡아 조사한 후 이듬해인 1910년 2월에야 석방하였다. 신민회는 그 해 3월에 「독립전쟁전략」을 채택하고, 무관학교 설립과 독립군기지를 창설하기로 하였는데, 그 골자는 다음과 같다.

첫째, 독립군기지는 일제의 통치력이 미치지 않는 청국령 만주일대에 구축하되, 후일 독립군의 국내진공에 가장 편리한 지대를 최적지로 선정한다.

둘째, 최적지가 선정되면 자금을 모아 일정 면적의 토지를 구입하되, 이에 소요되는 자금은 국내에서 신민회의 조직을 통하여 비밀리에 모금하고, 이주민에게도 어느 정도의 자금을 휴대하도록 한다.

셋째, 토지가 매입되면 국내에서 애국적 인사들과 애국청년들을 중심으로 하여 계획적으로 단체이주를 시켜 새 영토로서의 신한민촌新韓民村을 건설하기로 한다.

넷째, 새로이 건설된 신한민촌에는 민단民團을 조직하고 학교와 교회, 기타 문화시설을 세우는 한편, 무엇보다도 무관학교를 설립하여 문무쌍전교육을 실시하고 사관을 양성한다.

다섯째, 무관학교를 근거로 하여 독립군사관이 양성되면, 이들과 이주 애국청년들을 중핵으로 하여 강력한 독립군을 창건하기로 하였다. 이 독립군의 장교는 현대적 장교훈련과 전략전술을 습득한 무관학교 출신 사관으로 편성할 뿐 아니라, 병사까지도 모두 무관학교에서 현대 군사교육과 전략전술을 익히는 정병주의精兵主義를 채택하고, 독립군은 철저한 현대 군사훈련과 현대 무기로 무장시켜 일본 정규군과의 현대전에서 승리할 수 있는 강력한 현대적 군대를 만들기로 한다.

여섯째, 독립군이 강력하게 양성되면 최적의 기회를 포착하여 독립전쟁을 일으켜 국내에 진입하기로 하였다. 최적의 기회는 일제의 힘이 더욱 증강되고 침략야욕이 팽배하여 만주지역이나 태평양지역으로 팽창하려고 할 때 불가피하게 일어날 중일전쟁·러일전쟁·미일전쟁 등이 일어날 때라고 추정하였다. 이러한 전쟁은 일제에게도 힘겨운 전쟁이 될 것이므로 이 기회를 기민하게 포착해서 그동안 국외에서 양성한 독립군으로 독립전쟁을 일으켜 독립군이 국내로 진입하고, 국내에서는 신민회가 주체가 되어 내외 호응해서 일거에 봉기하여 실력으로 일제를 물리치고 국권을 회복하기로 한다.

신민회는 이 전략에 따라 1909년 4월 안창호, 이갑, 유동열, 신채호, 이종호 등을 청국에 파견하고, 경술국치 후에는 이동녕, 주진수 등을 보내어 만주 일대를 비밀리 답사하여 후보지를 선정하고, 1910년 12월부터

단채 신채호(1880~1936) - 여순감옥에서 옥사
석주는 북경에서 신채호와 더불어 광복단체의 단합을 위해 노력하였다. (여순감옥 행적 전시)

선발대인 이동녕, 이회영 일행이 비밀리 독립군기지 건설을 위해 단체로 이주를 시작한다는 것이었다. 그리고 내년 봄에 대대적인 단체 이주를 실행할 계획으로 있다는 것이니, 석주는 뛸 듯이 기뻤다. 그는 김대락과 상의한 후 내년 음력 정초에 이주하겠다고 약속을 하기에 이르렀던 것이다.

# 내 어찌 왜놈의 종이 되랴

석주는 간도로 떠나기 전에 서둘러 토지를 처분했다. 선산 아랫마을 도곡 땅이 대부분 대대로 내려온 것이고, 임동·임북에도 토지가 많았다. 가문에 전해져 오던 7점의 분재기分財記[20]에 나와 있는 내용을 보면, 1540년부터 1713년까지 노비의 수가 적었을 때가 106명이고, 가장 많았을 때는 408명인 것으로 보아 조상 대대로 재산이 많았음을 엿볼 수 있다. 이는 고려 공민왕이 홍건족 침략에 당시 복주福州였던 안동으로 피신하였는데, 석주의 21대조 이암李嵒은 문하시중을 역임한 중신으로서 왕을 안동으로 호종한 공로로 1등공신 철성부원군鐵城府院君에 봉해졌던 것도 부를 이룬 하나의 큰 원천이 된 듯하다.

석주가 전기의병 때 안동의진 대장 권세연이 외숙부인 관계로 전체 군자금 1/4 정도를 부담했고, 후기의병 때도 매부와 함께 차성충에게 1만 5천금, 신돌석·김상태 의진 등에도 많은 군자금을 지원했던 것으로 보아 재력은 상상 이상이었을 것으로 추정할 수 있다.

그는 많은 전답을 매각하여 간도 땅에 신민회가 말한 '신한민촌'을 건설할 자금을 마련할 것이었는데, 처음 출발할 당시에는 전 재산을 매각한 것은 아니었던 것으로 보인다.

1911년 2월 2일(음력 1월 4일), 석주는 집을 떠나기에 앞서 마

---

20) 분재기分財記 : 고려시대와 조선시대의 재산상속 문서

을사람들을 불러 조촐한 잔치를 열어 즐거운 시간을 가졌다. 이튿날 새벽 가묘에 하직인사를 올리고, 집안사람들에게 조상의 묘와 400년 이어온 저택인 임청각 관리, 남아 있을 집안사람들의 생계를 위해 논밭 수천 평을 남겼고, 갑오년 이후 많은 노비들을 면천시켰지만 일부 남아 있던 노비문서를 불태워서 모두 양민이 되게 하였다. 그리고 석주가 설립, 운영해 오던 도동서숙道東書塾의 유생들을 불러 모아 '정신을 보존하고 학업에 힘쓰라.'고 권면하였다.

저녁 무렵, 가족들이 모두 눈물을 뿌리며 전송하는 것을 뒤로하고 단촐한 행장으로 혼자 집을 나선 그날의 회포를 읊은 시가「거국음去國吟」이다.

> 더 없이 소중한 삼천리 우리 산하여
> 오백여 년 동안 문화를 꽃 피웠네
> 문명이 어떤 것이기에 노회한 적과 매개시켰나
> 괜히 꿈속의 혼령이 온전한 나라 던져버렸네
> 이 땅에 그물이 쳐진 것을 보았으니
> 영웅 남아가 제 일신 아끼는 일 있으랴
> 잘 있거라 고향 동산이여 슬퍼하지 말게나
> 태평성세 되거든 다시 돌아오리라

기차를 타기 위해 추풍령으로 향하면서 날이 저물면 친척이나 객점에서 유숙하고, 2월 7일(음력 1월 9일) 저녁에는 상주 봉대에 살고 있는 사위 강남호姜南鎬의 집에 도착하였다. 사위와 딸이 반가워하면서도 눈물을 흘린다. 잠시 뒤에 처남 김효락의 아들 김만식金萬植이 경성[21])으로부터 돌아오는 길에 들러 근간의 형편을 모두 전하는데, 신민회의 김도희와 주진수가 경무청에 붙잡히는 바람에 김대락 일행이 중도에 낭패를 당할 것을 염려하여 서둘러 경의선 열차를 타고 출발하였다고 전한다. 또 동생 봉희鳳義의 아들 문형文衡이 달려와서 같은 소식을 전한다.

좌중에서 말하기를,

"만주로 가는 일을 다시 헤아려 보아야 합니다."

라고, 말하자, 석주는 좌중을 향하여,

"이미 떠난 길을 사소한 위험으로 인하여 스스로 중지할 수는 없는 일이다."

하고, 으레 일제의 감시망이 펼쳐져 있을 것이라고 생각해 왔던 터라 개의치 않았다.

사형들과 더불어 밤을 보내고 이튿날 오후 출발하려고 하니, 딸이 눈물바다를 이루며 진정하지 못한다. 석주는 부인 김우락 사이에 오누이를 두었는데, 아들은 혼인한 지 3년 만에 보았지만, 딸은 23년 만에 얻어 귀염둥이로 자랐고, 열세 살 나이에 열네 살 신랑과 혼인을 했던 딸은 이제 열일곱 살이었다. 석주는 아침밥을 먹자마자 출발하려던 것을 딸과 작별하는 게 아쉬워 오후에 출발하려는 데도 연신 눈물을 흘리니, 만날 기약이 머지않으리라고 따뜻한 말로 타이르고 발길을 재촉한다.

---

21) 일제는 이미 한성을 경성이라 했는데, 대한 사람들은 한성이라고 했다. 경술국치 이후 표기는 경성으로 통일해서 표기한다.

추풍령에 이르니, 낮 시간 기차는 이미 떠나버렸다. 정거장 남쪽 개울가의 작은 주막에 기숙했다가 이튿날 새벽 2시에 경부선 직행 기차를 탔다. 일찍이 기차를 본 적은 있었지만 기차를 타 본 것은 처음이었다.

물을 끓여 신령한 기계를 깨우던 그날에
만국은 기차로 완전히 변모하게 되었네
삼천리강산에 연기가 허공으로 올라가고
하루 종일 광풍과 우레가 지축을 뒤흔드네
들의 집들은 옆으로 날아 순간에 지나가고
산들은 등 뒤로 치달리면서 지나가네
대낮이 갑자기 어두운 밤이 되었나니
굴로 들어온 게 분명하니 얕음과 깊음을 알랴

당시 '남대문 정거장'(오늘날 서울역)

추풍령을 출발한 지 6시간 만에 경성의 남대문 정거장에 도착하였다. 중도에서 차례로 만난 족조 종기鍾基, 조재기趙載基, 조카 등 일행 네 사람이 여관에 들었다.

석주가 경성에 도착했다는 소식을 들은 양기탁은 한걸음으로 달려왔다. 양기탁의 청으로 그의 집으로 가서 하룻밤을 묵으면서 지난날 대한협회의 일과 신민회가 추진할 일들에 관하여 많은 의견을 주고받았다. 그리고 서간도로 가는 방법과 경로에 대하여 자세한 설명을 들을 수 있었다.

2월 13일(음력 1월 15일) 평해 사람으로 신민회에서 활약하던 황도영黃道英이 가족을 데리고 와서 함께 유숙하니, 적적한 마음이 사뭇 위안이 되었다. 오후에 '서로 이끌고 올라오라'는 뜻으로 집에 전보를 쳤는데, 사흘 지나서 2월 18일(음력 1월 20일)에 출발한다는 회신 전보가 왔다.

석주는 자신이 떠난 뒤 일본 경찰의 감시가 심해져서 빠져나오기가 쉽지 않을 것이라고 걱정을 하면서도 계획대로 먼저 국경에 도착하기 위해 17일 9시 10분 경의선 열차에 오르니, 채 1시간도 안 되어 개성을 지났다. 사리원에 이르러 용천 사는 신덕인을 만났다. 나이는 예순 남짓한데 순박하고 진실하여 고풍이 있는 사람이다. 간도의 사정에 제법 소상하여 무릎을 맞대고 이야기를 나누니, 나그네 길의 괴로움을 모두 잊을 만하였다. 오후에 평양에 당도하였다.

아시아의 동쪽 끝은 풍치가 아름답나니

하늘이 우리 조선 위해 여길 만들어주셨네
우리 단군 할아버지의 사당이 남아 있고
고구려 왕업이 서린 큰 강이 흘러가고 있네
무지개가 물가에 서니 음산함이 사라졌다가
싸락눈 날리니 혼란한 시국이 근심스럽네
조만간 분명히 태평성대의 날이 있을지니
연광정練光亭 위에서 봄을 짝하여 한번 놀아보리라

모란봉 을밀대(1910) - 데라우치 문고 사진첩의 사진 재촬영

선천을 지나 신의주에 도착하니 밤이 깊어 삼경 무렵이었지
만. 대동회사大同會社를 찾아가니, 주인은 신효석으로 용천 사람
신덕인의 재종질이었다. 압록강 건너의 형편이 궁금하여 물었더
니, 뜻밖에도 직예성 등지에 흑사병이 만연하여 행인에 대한 조
사가 엄밀하여 강을 건넌 사람들이 다시 돌아오지 못하고 있으

며, 그 병의 근원이 쥐에서 시발한다고 하여 쥐를 잡으라는 관청의 성화가 심하다고 한다.

석주는 여관에서 우연히 만난 용강학교 학생과 함께 거리에 나가 시장을 둘러보고 여관주인에게 부탁하여 우리나라 돈을 청국 돈으로 환전하고 일본인 서점에서 만주와 대한의 지도 등을 샀다.

며칠 뒤 개성의 한 학생이 여관에 묵게 되었다. 그는 북경에 유학하려고 압록강을 건넜다가 봉천 등지에서 흑사병 발생 지역을 불태우는 화염으로 길이 막혀 돌아오게 되었고, 검역의 까다로운 절차를 받고 3일 만에 풀려났다고 한다.

석주는 그를 불러 여러 가지 궁금한 것들을 물어보는 사이 비로소 먼저 서간도로 들어간 큰처남 김대락 가족이 무사히 도착하였다는 소식에 안도하며, 압록강 강변에서 강 건너 만주 땅을 하염없이 바라보았다.


부여가 왕업을 일으킨 지 어언 사천년
그 때는 국경이 저 만주까지 아울렀네
기자와 위만이 아무 까닭없이 차지했고
한漢과 당唐이 이를 좇아서 멋대로 침략했네
판도 확장이 원래 쉬운 일이 아니었기에
수치 누르고 변방에 처함을 달갑게 여겨
결국에는 저 길고 긴 압록강으로 하여금
동서 경계선이 되어 흐르게 하고 말았네

석주가 신의주에 도착한 지 1주일째 되던 2월 23일 집 식구들이 보내온 전보를 통하여 행로를 따져보니, 만약 18일 안동을 출발하여 정해진 일정대로 행로가 진행되었다면 엿새 만인 오늘은 여기까지 도착할 것이라고 생각한 석주는 저녁식사 후 등불을 들고 정거장에 나가 기다렸다.

  밤이 깊은 지 오래되자 과연 일행이 일제히 도착하는 것이 보인다. 맨 앞에 나선 것은 준형濬衡(석주의 아들-필자 주)이고, 부녀자 및 어린 아이들은 한가운데 있고, 덕초德初(석주 막내아우 봉희鳳羲의 자-필자 주) 부자가 뒤를 따른다. 2천 리의 험난한 길에 탈 없이 도착하니 기쁨을 알 만하리라.

- 『국역 석주유고』(하). 21쪽

20여 일 만에 가족을 만난 석주는 등불을 들고 앞장서서 신효석의 집으로 가서 단란히 모여 앉았다. 그동안 고향 소식을 자세히 들으니, 석주가 출발한 후 과연 여러 차례 조사가 있었고, 석주 아들 준형은 경찰서에 구인까지 되었던 상황이었는데도 불구하고, 온 식구가 2천리 머나먼 길을 무사히 압록강 가에 다다른 것은 천만다행이 아니랴.

# 우리 조상이 살던 땅으로

2월 25일(음력 1월 27일), 석주는 집안 정리를 하기 위해 귀향할 막내아우를 남겨 두고 일행과 함께 발거跋車를 타고 압록강을 건넌다. 고개를 돌려 조상이 묻혀 있는 터전을 바라보니, 돌아올 기약이 묘연하여 눈물이 핑 돌았다.

'간도는 우리 조상 땅이었어. 우리의 옛 땅으로 가는 게야. 왜놈들이 없는 조상 땅에서 독립군 기지를 만들고, 인재를 길러 광복을 찾아서 다시 돌아올 게야.'

하고, 다짐하며 얼어붙은 압록강을 건넌다.

칼끝보다도 날카로운 저 삭풍이
내 살을 인정 없이 도려내네
살 도려지는 건 참을 수 있지만
애 끊어지니 어찌 슬프지 않으랴

기름진 옥토로 이루어진 삼천리
거기에서 살아가는 인구 이천만
즐거운 낙토 우리 부모의 나라를
지금은 그 누가 차지해버렸는가

나의 밭과 집을 벌써 빼앗아갔고
거기에다 다시 내 처자마저 넘보나니

차라리 이 머리 베어지게 할지언정
이 무릎 꿇어 종이 되지 않으리라

집을 나선지 채 한 달이 못 돼서
벌써 압록강을 건너버렸네
누구를 위해서 발길 머뭇머뭇하랴
돌아보지 않고 호연히 나는 가리라

신의주 도강장의 겨울 장면(1910) - 데라우치 문고 사진첩 사진 재촬영

 석주 일행이 도착한 안동현은 옛날에는 사하자沙河子라고 불렀
던 곳이다. 강의 북쪽 기슭에 세관이 있어 이른바 '압록강 목재'
세금을 부과하는데, 그 권리를 거의 일본이 가지고 있다고 하
니, 일제의 침략이 벌써 만주에까지 미치고 있단 말인가? 5리쯤

가서 동취잔에 이르니, 김택준과 이준선이 마중을 나와서 반갑게 맞이하며 앞장서서 이윤수가 운영하는 객점으로 가서 숙소를 정하였다.

이틀을 쉰 후 3마리의 말이 끄는 수레 2대를 구입하여 출발하였는데, 도로가 울퉁불퉁하여 수레를 탔지만 여간 고통스러운 것이 아니었다. 빤히 보이는 강 건너 우리 땅에는 일본군 국경수비대가 압록강을 따라 수백 리에 걸쳐 주둔하고 있는데, 거의 1백 보마다 초소를 설치하여 도강하는 사람을 엄밀히 조사하고 있다고 한다. 비록 검역을 핑계로 하고 있으나 실제는 우리나라 의병이었거나 광복활동을 할 목적으로 강을 건너려는 사람을 붙잡기 위함이라는 것이다.

매서운 눈바람을 피하기 위해 수레 안에서조차 담요를 깔고 이불을 둘러야만 했는데, 눈과 얼음이 녹아 미끄러운 흙탕길을 지나오면서 수레바퀴가 물에 이따금 잠기어 험난함을 형용하기 어려웠고, 쉴 만한 인가조차 하나도 없어 어떤 날은 밤늦게 객점이나 민가를 찾아 투숙하는 등 힘든 여정 끝에 압록강을 건넌 지 9일째 되던 3월 7일(음력 2월 7일), 드디어 중간 목적지인 항도천恒道川에 도착하였다.

7일 새벽 첫머리에 출발하다. 냇물을 따라 가다가 10여 리쯤에서 산기슭이 트이고 시야가 넓어진다. 멀리 숲 사이로 지붕 모서리가 들쭉날쭉 보이니 그곳이 항도천恒道川임을 알겠다. 한인 심택진의 집에 이르러 점심을 먹고 마부를 돌려보냈다. 조금 있자니 김형식 · 황도영 · 이명세 · 정생 같은 여러 사람이 이어 보러 왔다. 정생은 곧 예천 사람 진사 정운경의 아우이다.

석주 일행이 도착한 항도천은 김대락이 먼저 와 있던 곳으로 당시 봉천성 회인현 항도천이었지만, 현재는 요녕성 환인현 횡도천橫道川이다.

횡도천 표지석

석주는 김대락이 사는 곳으로 찾아갔다. 그는 연세가 예순일곱의 노인이었기에 안부도 궁금했지만, 먼저 자리를 잡았으니, 가족들의 임시 거처를 쉽게 구할 수 있으리라는 기대가 있었고, 김대락이 손자를 본 경사가 있어 찾아가서 이를 하례하니, "기쁘게 반기는 소리가 우레와 같았다."라고 『석주유고』(하) 「서사록」에 적었다.

김대락이 거처하고 있는 집은 모두 7칸인데, 2칸은 고향에서 함께 온 두 가족이 각 1칸씩 쓰고, 중앙에는 또 학교를 열어 많은 사람들이 기거하고 있어 매우 거처하기 군색하였으나 처음 도착하고 보니, 창졸간에 달리 방편이 없어 부득이 학교 한 칸을 빌려 식구들을 머물도록 하였다.

# 서간도에 독립군 기지를

## 머나 먼 삼원포

석주 일행이 회인현 항도천에 도착한 날이 3월 7일(음력 2월 7일)이었다. 석주보다 그의 가족들은 보름 뒤에 안동을 출발하였다. 안동을 떠나올 때는 혼자였지만 일본 경찰의 눈을 피해 미리 출발하여 약속한 장소 곳곳에서 만나 압록강 가에 이르렀을 때는 수십 명이 되었다. 이틀 뒤 압록강을 건너 매서운 눈바람과 추위 속에서 굶주리며 고난의 9일째가 되던 날에 항도천에서 다다르니, 마치 목적지에 도착한 것처럼 모두 기뻐하였다.

8일, 젊은 사람들이 거리에 나가서 땔감이며, 양식이며, 가마솥붙이 등을 사와서 밥과 국을 지어 밥그릇을 앞에 놓고 둘러앉았다. 연일 객점에서 기장떡을 먹던 고통을 돌이켜 생각하니, 마치 먹지 않아도 배가 부를 듯하다.

- 『국역 석주유고』(하), 「서사록」. 27쪽

이틀 뒤 임석호와 조재기가 도착하였는데, 그 편에 양기탁이 일제 관헌에 붙잡혀 갇혔다는 소식을 들었다. 길거리의 사람들이 전하는 말에, '며칠 전에 일인이 촌에 들어와서 한인의 호구를 한 집도 빠짐없이 조사하더라.'고 하고, 석주의 조카 문형도 밖에서 들어와 전하기를,

"청국 순검 2명이 경내에 거주하는 한인이 몇 명인지를 향약소에 묻고, 만약 머리를 땋고 호복胡服으로 바꾸어 입지 않고서 청의 국적으로 입적한다면 모두 한꺼번에 쫓아내어 여기에 붙여 사는 것을 허락하지 않겠다고 합니다."

누군가 김대락의 아들 김형식에게 어떻게 생각하느냐고 묻자,

"아직 살 곳이 정해지지 않아 나그네와 다름없으니, 우선 집과 전지田地를 매입하고 이사할 날이 확정되기를 기다려 의견을 진술하겠다."

라고 하였다. 만주 풍속은 촌마다 향약을 두어 절도나 기타 범죄의 재판을 통할케 한다고 하는데, 우리의 옛 향약과 비슷한 것이었다.

며칠 뒤 석주는 아들 준형과 김형식, 임석호, 조재기를 삼원포로 보냈다. 그곳에 먼저 자리 잡고 있는 석오石吾 이동녕李東寧에게 안부와 함께 거처할 집과 전지를 마련하고자 하는 편지도 함께 보냈다.

3월 15일(음력 2월 15일), 항도천의 날씨가 제법 따뜻하여 쌓였던 눈이 점점 녹고, 처마의 낙수가 부엌에 들어와서 아궁이까지 잠길 우려가 있어 부득이 집 서쪽의 빈집으로 거처를 옮기려

고 하였다. 석주가 가서 보니, 구들이 꺼져 있고, 창이 모두 떨어져 있어 하룻밤조차 지낼 수 없는 형편이었다. 이역만리에서 노숙을 면한 것만으로도 다행이라고 생각하여 마음에 들고 안들고를 따지지 않고 거처를 옮기고 보니, 어린아이들이 감기에 들어 병이나 나지 않을까 염려되었다.

허물어진 초가삼간에 잡초가 무성한데
여러 해 사람 들지 않아서 먼지투성이네
문풍지가 우웅 우는데 어디 나라 말인고
침상에서 몸이 얼어 다른 사람의 몸이 되었네
솥이 차갑나니 소랑22)은 눈밖에 먹을 게 없고
부엌이 비었나니 구천句踐은 누울 섶도 없네
상천上天의 마음이 어찌 예사로운 것이랴
남아로 하여금 고생을 실컷 겪게 하는구나

며칠 지나니, 계곡 물이 사태가 난 듯이 벽 틈으로 들어와서 방안에 물이 흥건히 고였다. 온종일 퍼냈지만 별 효과가 없었다. 석주의 아내 김우락이 걱정스런 표정을 짓자 석주가 짐짓 말하였다.

"우임금이 온 천지를 다니며 물길을 다스리자 천하의 백성들이 물에 빠져 죽음을 면하였는데, 지금 내가 집안에서 물을 다스리니 온 집안이 물에 빠짐을 면하는구나. 비록 공사대소의 차이는 있으나, 그 공덕은 같다. 다만 우임금은 8년의 긴 세월을

---

22) 소랑蘇郎 : 한 무제 때 흉노에 사신으로 갔다가 억류된 소무蘇武를 가리킨다. 흉노 황제 선우單于의 제의를 끝내 거부하였다는 고사.

보내었는데, 나는 오늘부터 시작했으니 얼마의 세월을 보내야 끝낼 수 있을지 모르겠도다!"

하니, 김우락도 웃었다. 비록 힘겨운 삶일지라도 일제의 억압이 없는 세상은 웃음이 되살아나는 곳이었다.

며칠 뒤 눈길을 뚫고 삼원포로 향했던 이준형·김형식 일행이 되돌아왔다. '외방 사람들이 우물에 독을 풀었다.'라는 말이 민간에 와전되어 유하현 지역에 관병들이 주둔하면서 통행을 금지하고 있다는 소문을 듣고 되돌아온 것이었다. 이에 석주는 아들과 처조카이자 김대락의 아들인 김형식을 불러놓고 말하기를,

"이곳은 사고무친의 객지이니, 위험을 피하여 들어가지 않은 것은 매우 다행스러운 일이지만 아홉 길 우물을 파고서도 샘물을 만나지 못한 셈이니, 앞서 들인 공이 아깝다고 할 만하다. 그러나 남자가 일에 임하여 진실로 험난함을 무릅쓰는 성품이 없다면 성공에 크게 방해가 되는 법이다."

라고, 충고하였다.

4월 3일(음력 3월 5일), 영해에 살던 매부 박경종朴慶鍾 일행이 도착하자 거처가 더욱 어렵게 되어 여기저기를 옮겨 다녔다. 인근 지역에 고관을 지낸 홍승헌洪承憲 가족이 머무르고 있었다. 홍승헌은 충북 진천 출신으로 이조·예조참판과 충남관찰사, 궁내부특진관을 지낸 바 있던 명망가였다. 석주는 어쩔 수 없이 홍승헌 가족이 거처하는 집의 헛간을 수리해서 지내게 되었다.

품을 사서 집을 수리하였다. 집은 모두 일곱 칸인데, 동쪽 네 칸

은 홍 참판이 빌린 곳이고, 서쪽 세 칸은 곧 헛간이다. 썩은 서까래
와 무너진 벽으로 비가 새고 바람이 들이쳐 잠시도 거처할 수가 없
을 것 같다. 곧바로 32원을 지급하여 짚으로 두껍게 덮고 동서로는
온돌을 들였다. 중앙에 부엌을 만들고 내실에는 창호를 달고 바깥에
는 출입문을 달았다. 이제 집 꼴이 대략 이루어졌다.

- 『국역 석주유고』(하), 「서사록」. 47쪽

집을 수리해서 드니, 전 공조참판 정원하鄭元夏와 홍 참판이
나란히 방문하였다. 석주는 홍 참판과 더불어 옛 사적을 바탕으
로 '백성의 생활에 큰 도움이 되는 것은 수리시설 만한 것이 없
다'는 점을 논하였다.

지금 이곳의 만주인들 또한 밭농사에만 힘써 관개가 이롭다는 것
을 모른다. 필경 정치가 (우리나라와) 똑같이 노둔하고 어리석을 것
이다. 우리들이 이곳에 이주해 온 뒤로는 밭곡식만을 먹을 뿐인데,
거기다 풍토까지 매우 달라 병이 나기 더욱 쉽다. 부득불 버려져 황
폐해진 토지를 사들이고 벼를 심는 데 힘쓰지 않을 수 없다. 마땅히
농사에 익숙한 자로 하여금 널리 수리를 살펴서 그 이익의 대소와
공역의 다과를 헤아리게 한 뒤에 품을 사서 보를 쌓아야 한다. 또
근래 서양인의 굴착기와 수차 등의 제도가 극히 정교하니, 반드시
총명하고 슬기로운 자가 그 제조법을 강구하여 공사 간 모든 일에
쓰이도록 해야 할 것이다. 그렇게 한다면, 지난 세월 황폐했던 들판
에 앞으로는 석수石水와 두니斗尼23)의 노랫소리가 들려올 것이다.

- 『국역 석주유고』(하), 「서사록」. 48쪽

---

23) 석수石水와 두니斗泥 : 계곡을 흐르는 석간수石間水와 도랑의 흙탕물.

항도천도 거처만 제대로 마련되면 토지를 빌리는 것은 손쉽고 그 비용도 싸서 생활하기 어렵지 않을 것 같았다. 그러나 서간도로 올 때의 계획은 유하현 삼원포에서 우리 민족의 중흥과 군대를 양성하여 광복을 위함이었지, 이곳 항도천에서 농사를 짓기 위함은 아니었기에 아우 일행이 오기만을 기다리면서 괴로워하는 가족들을 다독였다. 그러면서도 김대락과 밥상을 마주 대할 때면 흐느끼며 네덜란드와 그리스가 독립한 일을 인용하면서 스스로 다짐하곤 하였다.

5월 초순이 되니, 나머지 가족들이 도착하기 시작하여 8일 아우 일행이 마지막으로 도착하였다. 김대락 일가친척 50여 가구가 먼저 유하현으로 향하고, 이어 석주 일가친척 50여 가구도 그 뒤를 따랐다.

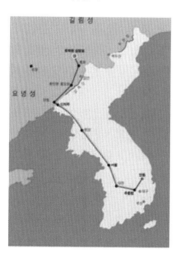

석주 일행의 이동 경로

2월 3일(음력 1월 5일) 도곡동을 나와 그날 임청각에서 자고 안동을 떠난 지 석 달이 지났고, 가족과 만나 압록강을 건넌 지 두 달 반이 지난 5월 11일(음력 4월 13일), 마침내 석주 일행은 통화현 영춘원永春源으로 들어가니, 이미 유하현에 자리를 잡고 있던 이동녕과 이시영李始榮(1869~1953)이 마중을 나와 있었다.

# 풍찬노숙 속에 경학사 설립하고

석주 가족은 유하현과 인접한 통화현 영춘원에 머물고, 이때를 전후해서 안동 중심의 경북지역 100여 가구 사람들이 유하현 삼원포三源浦[24]추가가鄒家街[25])에 도착하였다.

이회영·이시영 등 6형제 가족 50여 명이 이곳에 도착한 것이 음력 2월 초순이었고, 그 후 이동녕과 사촌 이장녕, 장유순·장도순·장한순 형제, 김창환·이관직·윤기섭·여준·주진수

유하현 추가가 가는 길

등이 가족과 함께 망명하였다.

안동을 중심으로 한 경북 일대에서는 석주와 이준형 부자, 석주의 동생 이봉희·문형 부자, 석주의 매부 박경종 등 일가, 김대락·형식 부자, 김동삼 일가와 문중 청년들, 유인식·황호·황만영·황도영 가족과 일가, 이원일·희영 형제, 허위의 처와

---

24) 삼원포三源浦 : 예나 지금이나 지명은 삼원보三源堡이지만, 일명 삼원포라고도 함. 이 책에서는 『석주유고』에 나온 대로 표기함.
25) 추가가鄒家街 : 옛 지명은 추지지가鄒地之街

가족, 허형의 가족, 허혁·허발 부자 일가, 권팔도 일가 등 혼맥婚脈으로 형성된 유학자 가문의 100여 가구가 들어왔다. 안동의 '혁신유림'의 망명은 신민회원인 주진수·황만영을 통해 신민회의 독립군기지 개척 의지를 전해 듣자 김대락·이상룡·황호 등세 문중의 원로가 나서서 추진된 것이었다.

유하현 삼원포. 멀리 오른쪽 둥그런 산이 경학사 결성했던 대고산

경성 사람들의 이주에 이어 김대락·석주·황호 등의 일행 100여 가구의 수레가 며칠째 길에 뻗치니 거기에 살던 청나라 사람들이 깜짝 놀라 서로 말을 만들어 전파하고 심지어 '조선의 황자皇子가 경내에 들어왔다.'고까지 풍문이 돌았다. 이에 청나라 관리가 훈령을 내려 군사를 파견하고, 이주해 온 한인들에게 가옥을 세내어 주는 것을 금하니, 상당수의 사람들이 산야에서 생활하면서 노숙하게 되어 병에 걸리는 사람이 많았다.

5월 중하순 마침내 이주 한인 300여 명이 삼원포 추가가의 대고산大孤山에 올라 이른바 노천군중대회를 열었다. 이 대회에서 이동녕을 임시의장으로 선출하고 5개항을 의결하였다.

첫째, 민단 자치기관의 성격을 띤 경학사耕學社를 조직한다.
둘째, 전통 도의에 입각한 질서와 풍기를 확립한다.
셋째, 개농주의皆農主義를 장려해서 생계 방도를 세운다.
넷째, 학교를 설립하여 주경야독의 신념을 고취한다.
다섯째, 기성군인과 군관을 재훈련하여 기간장교로 삼고, 애국청년을 수용하여 국가의 동량 인재를 육성한다.

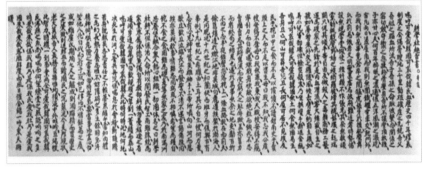

경학사취지서

이 결의에 따라 경학사를 조직하고, 사장에 석주가 추대되었고,26) 내무부장에 이회영李會榮, 농무부장에 장유순張裕淳, 재무부

---

26) 독립운동사편찬위원회, 『독립운동사』 제5권 167쪽과 『국역 석주유고』
(하) 603쪽에는 초대사장에 이상룡으로, 『독립운동사자료집』 제10권
12쪽에는 이철영으로 기록되어 있다.

장에 이동녕, 교무부장에 유인식柳寅植, 조직사무는 김동삼金東三이 담당하였다. 이날 석주는 경학사 창립 취지서를 낭독하였다.

　… 한밤중의 종소리가 홀연히 베개위로 떨어지고 한 가닥의 혈로가 곧 면전에 있다. 부여의 옛 영토가 눈강嫩江에까지 이르니, 이 땅이 이역이 아니요, 고구려의 유민이 발해에 모였으니, 이 사람들은 동포인 것이다. 더구나 16세기의 네덜란드는 스페인으로부터 독립하여 부흥했으니, 옛날에도 사례가 있는 것이다. …

　영웅이 수수방관하는 것은 상제께서 꾸짖는 바이니, 산하를 향하여 슬프게 노래하면서 탄식하기도 하고 울먹이기도 하였고, 장강에 임하여 맹서하면서 맑아지지 않으면 돌아오지 않으리라 하기도 했었다. 언어가 다르니 동족이면서도 또한 우리에게 너그럽지 못하고, 사정을 자세히 알리기 어려우니 동병상련하지 않았다. 희망을 양식으로 삼아 스스로 먹지 못하는 음식을 배불리 먹고, 곤란을 초석으로 삼아 집 아닌 집을 축조하였다. 그리하여 마침내 남만주 은양보恩養堡에서 중인衆人들의 열렬한 마음을 융합하여 하나의 단체를 조직하고, '경학사'라고 명명하게 되었다. …

　성공하면 뇌정腦精을 바친 대가로 역사의 광영을 얻게 될 것이며, 실패하면 선혈을 뿌려서 국민의 깊은 근심을 대속代贖하게 될 것이다. 더구나 지금 중국의 현상은 노대老大하여 떨치고 일어나지 못하고 있다. 우리들도 의무와 부담은 균일하니, 중외中外의 경계를 허물고, 피차의 지력智力을 다 기울여야 시기가 이르렀을 때 사업이 두루 완전하게 될 것이다.

　사랑스럽다, 한국이여! 애처롭다, 한민이여!

　끓는 솥의 물고기가 입을 내밀어 본들 무슨 가망이 있겠는가마는, 불타는 집의 제비는 한참 동안이나마 울부짖을 수 있다.

　오라, 오라. 우리 무리를 보호하는 것이 곧 우리 백성들을 보호하는 것이며, 우리 사社를 사랑하는 것이 곧 우리나라를 사랑하는 것

이다. 오라,

오라. 기러기 떼 날아가면 서풍이 날로 드세질 것이고, 금계金鷄가 한번 울면 동쪽 하늘이 장차 밝아 오리로다.

- 『국역 석주유고』(상). 629~632쪽


경학사에서는 근본 방침으로 병농제兵農制를 채택하여 농업에 종사하면서 한편으로는 학습을 통하여 광복을 위한 인재를 양성하고자 한 것이었다.

석주는 한인에 대한 청나라 사람들의 경계심과 위화감을 고려해서 동지들과 상의했는데, 머리를 청나라 사람들처럼 자르고, 옷도 그들 복장과 같게 하였다. 또 어학강습소를 설립하여 청나라 사람들과 의사소통을 할 수 있게 하여 한인들이 그들과 하루 빨리 어울려 생활할 수 있게 하였다.

석주는 머리를 깎고, 청나라 사람들의 옷으로 바꿔 입었으며, 이름조차 상희象羲 대신 계원啓元·상룡相龍으로, 막내아우는 본명 대신 상희相熙·상훈相勳·계동啓東으로 사용했고, 김긍식金肯植도 동삼東三으로 고쳤으며, 김대락은 호를 비서賁西에서 백하白下로 바꾸었다. '동삼'은 이른바 만주 동쪽 삼성[東三省]에서, '백하'는 '백두산白頭山 아래[下]'에서 뽑아 쓴 것이었다고 한다.[27]

머리를 깎고, 청나라 사람처럼 복장을 한 것을 두고 어떤 이가 서신을 보내 석주 등을 비난하였는데, 석주가 답하기를,

"머리카락은 작은 몸[小體]이고 옷은 바깥 꾸밈[外章]인데, 일의

---

27) 이 책에서는 석주는 '석주'와 '이상룡', 그의 아우 봉희는 본명으로, 김긍식은 '김동삼', 김대락의 호는 '백하'만 사용하였다.

형편상 혹 바꿀 수도 있으니, 태백泰伯이 머리를 자르고 형荊 나라 땅으로 도망한 것과 공자孔子가 장보관章甫冠을 쓰고 송宋 나라에 있었던 것이 바로 그 예입니다. 큰일을 하려는 자가 어찌 자잘한 것에 얽매여서야 되겠습니까?"

하였다.

이회영(1867~1932)은 일본 경찰의 고문으로 옥사함. (여순감옥 행적 전시)

그리고 안동·통화·회인 등의 현縣에 여관을 설치하여 서간도로 들어오는 한인들의 안내 사무를 맡게 하자 많은 한인들이 유하현으로 이주하게 되었다. 이를 본 유하현 토착민들은 오해를 하게 되어 경학사의 사업은 그들의 방해로 점차 난관에 봉착하게 되었다. 즉 유명한 학자와 부귀한 자들이 이주하는 것은 처음보는 일이라서 일제가 만주를 침략하기 위해 그들의 앞잡이들을 이주시키는 것으로 오해를 사게 되었다. 특히 이회영, 이시영 등의 이李와 이름의 끝자 영榮은 중국 발음으로 이완용의 용用과 같았으므로 이회영 형제를 이완용의 형제라고 하는 요언謠言이 주위로 퍼져 나가게 되었다.

- 132 -

이러한 오해에 따라 각 현의 지사들은 산하 기관에 명령을 내려 한인이 토지를 구입하는 것을 금하고, 심지어 왕래조차 못하게 하는 바람에 큰 시련을 겪게 되었다.

석주는 먼저 와 있던 인사들과 상의하여 덕망이 있는 이회영과 막내아우 봉희鳳義[28]를 봉천성에 보내어 한인들이 서간도에 거주하는 것을 허락해 줄 것과 나아가 민적에 올릴 수 있게 해 줄 것을 요청하였다. 이에 봉천성 관리는 그 요청을 허락하지는 않았으나 한인의 처지를 마지못해 이해하는 입장을 취하였다.

석주는 답답한 마음을 7언 율시로 읊어 백하 옹에게 보냈다.

> 산으로 들어와서는 계속해서 하늘을 봄도 적었으니
> 들이 풀로 우거졌을 것을 산중에서 누가 알았으리요
> 추가가라는 이름은 오래 전부터 전해지고 있는데
> 우리 한인들의 글 읽는 소리는 올해부터 시작되었네
> 박꽃과 벼 이파리의 마을마다 비가 하염없이 내리고
> 돼지 울짱과 닭 횃대의 집집마다 연기가 피어오르네
> 우리가 만약에 참으로 목적으로 삼고 있는 게 없다면
> 무슨 마음으로 여기 장강瘴江[29] 가에 누웠으랴

1911년 10월 중국 호북성湖北省 무창武昌에서 일어난 봉기로 인하여 청조가 무너지고 중화민국을 세운 신해혁명의 시발점이

---

28) 독립운동사편찬위원회, 『독립운동사』 제5권. 170쪽에는 이상룡으로 기록돼 있지만 『석주유고』「서사록」에는 막내아우 이봉희를 보냈다고 기록하였다. 후자를 따랐다.
29) 장강瘴江 : 산천의 후텁지근한 악기惡氣인 장기瘴氣가 서린 강.

되어 원세개가 대총통이 되었다.

중화민국 제27사단장 시절의 장작림

경학사에서는 현실을 타개하기 위해 이회영과 이봉희를 다시 봉천성 독군督軍 장작림張作霖에게 보냈다. 두 사람은 장작림을 만나기 위해 봉천으로 갔다가 다시 북경으로 들어가 원세개를 만났다. 두 사람은 원세개의 호의로 그의 비서 호명신胡明新을 대동하고 다시 봉천으로 가서 장작림을 만났다. 두 사람은 구국 반일을 위해 이주한 목표를 상세히 이야기하였다. 장작림도 그때까지는 반일의식이 투철했던 사람이라 그 목적을 비로소 이해하고 즉시 관하 각 현에 명령을 내려 한인을 보호하도록 조치하였다.

# 피땀 어린 신흥강습소와 신흥학교

　석주를 비롯한 경학사 지도자들은 병농제 실시를 위해 서둘러 교육 공간을 마련하고자 하였다. 그러나 마땅한 공간이 없고, 새 공간을 지으려면 시일이 걸려서 우선 그곳 주민의 옥수수 창고를 빌려 '신흥강습소'라는 이름으로 개교하니, 이날이 1911년 6월 10일(음력 5월 14일)이었다.

　'신흥新興'이라는 이름은 신민회新民會의 신新자와 신민회의 취지를 부흥復興시키겠다는 의미를 담아 흥興자를 붙인 것이었다고 한다. 그리고 '학교'라고 하지 않고 '강습소'라고 한 것은 청나라 당국이나 일제의 의혹을 피하기 위함이었을 뿐이고, 실제 내용은 무관 양성을 주된 목표로 하고 있었다.

　초대 교장에는 이동녕이 추대되고, 교감에 김달, 학감에 윤기섭, 교관에 김창환·이장령·양성환·이관직, 교사에 이갑수·이규룡·장도순·김무칠 등이 맡았다. 이들은 대부분 이회영이 망명 전에 섭외한 무관학교 출신들이었다. 교과목은 보병·기병·포병·공병 등으로 나뉘어 육군형법·편제학·훈련교범·측량학·위수복무·전략·전술 등이었다.

　석주는 신흥강습소 개교에 대하여,

　"신해년 여름, 경학사를 결성하고 신흥강습소를 열어 군사·학술 과목으로 청년들을 교련하였다."

　라고, 간략히 기술하고, 그날의 감회를 한시로 남겼다.

추가가에서 결사하니 충심은 굳고
밭 갈고 배우는 일 취지 모두 완전했다
모든 정신 신흥학교에 쏟아 부어
양성한 군사 비호보다 날랜 오륙백五六百

신흥강습소에서는 그 해 12월 제1회 특기생으로 김연·이규봉·변영태·성준식 등 40여 명의 애국 청년들이 졸업하였다. 그러나 이주해 온 그 해부터 이주 한인들의 시련은 매우 컸다. 산야에 임시거처를 마련하여 노숙을 한 사람들 중에 수토병水土病이라는 괴질로 인하여 죽거나 다리를 자유롭게 사용하지 못하는 사람들이 많았다. 게다가 음력 7월에 서리가 내려 흉작으로 심각한 생활고에 허덕이게 되었다. 이에 따라 학교 운영도 재정난으로 위기에 봉착하게 되었다. 처음에는 이회영 형제와 백하·석주 등이 지참해 온 돈으로 경학사와 학교의 경비를 충당했으나 신민회가 보내주기로 했던 후원금이 이른바 '105인 사건'으로 오지 않았고, 그 여파로 인해 일제가 형사대를 유하현 지역에 파견하여 경학사 요인을 암살·피체할 것이라는 소식이 전해졌다.

이에 이동녕은 연해주로, 이시영은 봉천으로 향했지만, 오히려 이회영은 국내로 들어가서 직접 모금을 하겠다고 떠나자 석주를 비롯한 지도자들은 경학사 운영이 어려워졌다. 그러나 김창환, 윤기섭 등은 꾸준히 노력하여 학교를 계속 지켜 나갔다. 그들은 여러 마을을 돌아다니며 구걸하다시피 하여 학교를 유지하려고 애썼다. 여준, 이탁 등이 중심이 된 '신흥학교유지회'는 학교 유지를 위한 눈물겨운 노력으로 학교를 유지해 나갔다.


쉰하고도 다섯 번째 설날이 새로이 밝았나니
조국을 떠난 몸인지라 이 날이 서글프기만 하네
얼기설기 엮은 초가집에는 설날이 돌아왔건만
조상을 모신 선영에 제사를 올리지 못하네
와신상담이 끝내 월나라 보존시킨 걸 밝게 아니
철퇴를 진 시황에게 잘못 던진 걸 어찌 본받으랴[30]
이 몸이 춥고 주리는 것은 원래 자잘한 일이고
우리 학생들의 배움이 가장 큰 관심거리라네

이주 초기 "얼기설기 엮은 초가집" 형태의 유하현 한인촌

---

30) 철퇴를 … 본받으랴 : 한나라가 진나라에 망한 뒤 한나라 장량張良이 역
사力士를 시켜 철퇴를 소매 속에 감추었다가 진 시황을 저격하게 하였
으나, 다른 수레를 맞혀 실패한 고사. 나라를 되찾는 일을 섣불리 했다
가 실패한 것을 말하고 있다.

석주는 『석주유고』에서, 임자년(1912) 설날을 맞아 쉰다섯 나이가 됐는데, 조국을 떠나 있기에 선영에 제사도 올리지 못한 채 "얼기설기 엮은 초가집"에서 조국광복을 위해 와신상담하면서 "철퇴를 잘못 던진" 고사를 떠올리며 철저한 준비를 다짐하고 있다. 자신은 "학생들의 배움이 가장 큰 관심거리"라는 데서 석주의 지사다운 풍모를 드러내고 있다.

또, 예전에는 농기구를 잡아 본 경험도 없는 유학자 출신이 많은 동포들이 생계를 이어가기 위해 노력하는 모습과 산림을 개간하여 논밭으로 만드는 것은 '비용이 저렴하고 이득은 많다'고 하여 많은 동포들이 산림으로 들어갔으나 얼마 후 수토병의 하나로 다리를 쓸 수 없게 되는 '벽질碧疾'이 만연하여, "쌓이느니 주검뿐"이라고 적고, 그날의 아픔을 시로 남겼다.

> 세금 없는 청산에 비옥한 토질
> 한 도끼에 생애 걸고 묵정밭 찍어 일구러
> 반년 겨우 지나 벽질碧疾에 걸리니
> 신선술 배우기도 전 쌓이느니 주검만

한편, 가을철 옥수수 등을 거둬들인 옥수수 창고 주인은 그 창고를 비워 달라고 하였다. 석주와 이회영 형제 등 지도자들은 인근에 토지를 구입하여 학교를 짓고자 했으나 토착민들은 막무가내로 거절하였다.

"추가가는 추가들이 10대로 살아온 곳이라서 전지를 팔려고 하지 않으니, 타지를 물색해 보시오."

라는, 원세개 비서 호명신의 권고에 따라 석주와 지도자들은 이봉희와 이회영 등으로 하여금 유하현 인근 지역을 답사하게 하였다. 그들은 통화현 합니하哈泥河 언덕에 학교를 설립할 땅을 물색한 후 중국 당국에 구매를 신청하였고, 마침내 허락을 받기에 이르렀다.

　1912년 4월 이봉희·이회영 등은 합니하로 들어가 학생들을 수용할 교사와 부속건물들을 짓기 시작하였는데, 이주 한인들의 고생은 이루 말할 수 없어서 상당수는 추위와 굶주림에 견디지 못하여 안동지방에서 서간도행을 택했던 협

신흥학교 신축 토지매입 및 입적청원서 - 이봉희와 이회영 명의로 돼 있다. (우당기념관 소장)

동학교 교사 출신 유인식 같은 이는 가족을 데리고 귀국하기도 하였지만, '조국을 떠나면 나라를 영원히 잃게 된다.'고 국내에 남았던 사람들 중에 김대락 집안인 김필락金珌洛은 남은 일가를 이끌고 훗날 335명이 순국한 안동만세시위를 주도하여 피체, 총살 순국하기도 하였다.

　합니하 언덕에 설립되던 '신흥촌'은 대단한 곳이었다. 동쪽에 태산준령인 고뢰자古磊子가 하늘을 찌를 듯 곧장 30리 거리로

우뚝 솟아있고 북쪽은 심산유곡이고, 남쪽은 장산밀림으로 둘러싸여 이름 그대로 난공불락의 요새요, 동시에 신비경의 풍치를 이루고 있는 곳이었다. 산을 끼고 파저강波豬江이 흐르고 있고, 강의 북쪽 언덕 위에 신흥학교가 신축되었다. 교사도 각 학년별로 강당과 교실이 생겼고, 사무실·편집실·숙직실·식당·취사장 등도 갖춰졌으며, 학생들 이름이 붙어 있는 총 진열대까지 설치되었다.

통화현 합니하 신흥학교터 (현재 통화시 광화진 광화촌)

1912년 7월 20일(음력 6월 7일), 드디어 종전의 '강습소'라는 이름을 떼고 당당히 '학교'라는 이름을 붙인 신흥학교 낙성식이 거행되었다. 지팡이를 쥔 한 노인이 백발을 휘날리며 연단에 올랐다. 그는 67세의 고령에도 불구하고 안동으로부터 서간도로 들어왔던 최고령 유학자로 석주의 큰처남 백하 김대락이었다.

금석金石은 부서지고 깨어질지 몰라도 자유를 향한 열정은 깎아낼 수 없고, 태산이 앞에 있어도 진보하는 단체는 막을 수가 없다. 타버린 잿더미 속에서도 대장부의 의기는 살아나고, 어찌 한 시라도 조국독립을 잊을 수가 있을까? 서양문화가 세계를 지배함은 당연함이니, 우리도 면려하면 그들만 못하랴.

제군들아! 스스로 우리가 우리를 어리석게 하지 않고, 우리가 스스로 선진 열강위에 우뚝 서게 하여야 할 것이다.

익혀라! 피와 땀을 흘리며 전술을 익히고, 선진 과학문명과 헌법, 그리고 실업을 공부하며, 잃어버린 나라를 다시 찾아야 할 것이다.

제군들아! 적에게 칼자루를 쥐어주고 은사금(세금)을 주고, 식민통치를 받고 있는 있으니, 경고하노라. 스스로 분발함이 궐기이니, 총궐기하라! 난세의 영웅들이 두 입과 네 눈을 가졌다 하였더냐?

제군들아! 여기 서간도 한 구석에 초라히 자리한 학교라 해서 제갈량, 손자, 오기가 나올 수가 없다는 법은 없음이니, 제군들아! 나는 믿노라, 그리고 보았노라! 제군들의 지혜와 높은 금지에서 서양의 워싱턴, 나폴레옹, 피터대제 같은 영웅이 나올 수 있을 것이라고 자부하노라.

제군들아 세월은 여류如流하니 촌음을 아껴 써라. 만약 한 가지 일이라도 소홀히 하면, 굶주린 범에게 육신을 던지는 것과 같으며, 한 가지 생각이라도 태만히 하면, 독주를 마시고 기도를 드리는 것과 같음이니, 제군들이여! 힘쓸 지어다!

이어 두 주먹을 불끈 쥔 교직원과 학생은 물론, 동포들도 모두 교가를 함께 불렀으니, 그날의 감격을 어찌 말로 다하랴!

### 1

서북으로 흑룡태원黑龍太原 남南의 영절澪浙에
여러 만만萬萬 헌원軒轅 자손 업어 기르고
동해 섬 중 어린것들 품에다 품고
젖 먹여준 이가 뉘뇨.
(후렴)
우리우리 배달나라에
우리우리 조상들이라.
그네 가슴 끓는 피가 우리 핏줄에
좔좔좔 결치며 돈다.

### 2

백산 밑 비단 같은 만리 낙원은
반만년래 피로 찣긴 옛 집이어늘
남의 자식 놀이터로 내어 맡기고
종 설움 받는 이 뉘뇨.
(후렴)
우리우리 배달나라에
우리우리 자손들이라.
가슴치고 눈물 뿌려 통곡하여라.
지옥의 쇳문이 온다.

### 3

칼춤 추고 말을 달려 몸을 단련코
새론 지식 높은 인격 정신을 길러
썩어지는 우리민족 이끌어내어
새 나라 세울 이 뉘뇨.

(후렴)
우리우리 배달나라에
우리우리 청년들이라.
두 팔 들고 고함쳐서 노래하여라.
자유의 깃발이 떴다.


신흥학교 교과는 우후죽순처럼 생겨난 소학교 성격과는 달리 중등 이상의 수준으로 하여 본격적인 무관을 양성하는 무관학교로 재출발하게 되었다. 이때부터 합니하는 오랫동안 독립군 무관 양성의 대본영大本營이 되었다.

그리고 1913년부터 신흥학교의 교직원 구성원에 상당한 변화가 있었다.


교장 여준(呂準)
교감 윤기섭(尹琦燮)
학감 이광조(李光祖)
교사 이규봉(李圭鳳) 서웅(徐雄) 관화국(關華國) 성준용(成駿用)
　　 김흥(金興) 이극(李剋)
생도 대장 김창환(金昌煥)
생도 반장 원병상(元秉常)


그리하여 신흥학교는 4년제의 본과와 6개월·3개월 과정의 속성반을 병설하여 수시로 찾아드는 애국 청년들을 되도록 많이 수용하여 광복을 위한 반일무장투쟁의 대열에 나서도록 교육을 하였다. 군사교육 이외 본과에서 가르친 교과목은 중등교과산술·국어문전·고등소학독본·최신고등학이과서·교육학·대한신지지·대한국사·중등생리학 등 약 20개 과목이었는데, 이를 보면 철저한 광복활동에 중점을 두고 근대식 교육제도를 도입하여 상당히 높은 수준의 교육을 하였다는 것을 알 수 있다.

1914년에는 석주의 막내아우 척서尺西 이봉희가 학교장을 맡았는데, 한 해 입학생이 300여 명이 넘었고, 그 다음해에는 400명에 육박하는 대성황을 이루었다.

학교 앞을 유유히 흐르는 합니하, 조국의 광복을 다짐하는 학생들은 밤이 되면 고기잡이 횃불로 불야성을 이루고, 낮에는 강을 뒤덮고 흘러가는 뗏목 위에서 뱃사공의 밥 짓는 연기가 아련히 피어오르는 것을 본다. 뗏목은 연기와 더불어 압록강을 향하여 유유히 흘러간다. 학생들은 강물을 바라보며 그리운 고국을 생각하며 간혹 향수에 젖기도 하였으나 그들은 주먹을 불끈 쥐고 다시 결심한다.

'조국아 잘 있거라. 조국광복은 이 몸으로 반드시 이루고야 말 것이다. 만난을 극복하고 조국광복을 이뤄 고국으로 돌아갈 그날까지 조국이여 잘 있거라!'

이렇게 다짐하는 신흥학교 학생들은 조국의 광복을 위해 다시 훈련에 열중한다.

# 부민단 · 부민회, 동포를 위하여

석주는 신흥학교가 유하현 삼원포에서 약 90리 떨어진 통화현 합니하로 옮겨진 만큼 한인들도 토지구매가 어려운 유하현보다 통화현으로 가서 황무지 개척을 권유했다. 이주 한인들이 점차 통화현으로 많이 들어오자 작은 단체가 난립하게 되었다. 그리 하여 이를 통합하는 새로운 단체의 설립이 필요하게 되었다. 경 학사는 흉년과 함께 국내의 '105인 사건'으로 주요 인사들이 흩 어지는 바람에 유명무실해진 상태였다.

하루가 다르게 이주해 오는 사람은 늘어나고, 그 사람들은 종 전처럼 가문 중심으로 이주한 것도 아니어서 한인사회의 의견을 통합하기가 쉽지 않았다. 그리고 산야 이곳저곳에 터를 잡은 한 인 사이에 크고 작은 문제가 생겨도 해결하기가 쉽지 않았다.

석주는 남만주로 이주한 한인들에게 고하는 글을 각지로 보내 서 새로운 단체가 필요함을 간곡히 호소하였다.

남만주에 교거하는 동포들에게 공경히 고하는 글

단군 할아버지 기원 4246년 계축년(1913) ○월 ○일에 어리석은 아우 석주石洲는 눈물로 붓을 적시면서 남만주에 이주하신 동포 형 제들에게 공경히 한 말씀을 올립니다.

제가 일찍이 신문에 실린 인구조사 기록을 보았는데 봉천성 내의 각 지방에 교거하는 한인의 실수가 28만 6천여 인이 넉넉하였습니 다. 거주지의 원근이나 친면親面의 유무를 막론하고 이 많은 한인들

중 누군들 같은 우리 동포가 아니겠습니까? 슬픔에 겨워 말을 이을 수가 없습니다.…

이 만주는 단군 할아버지의 유허이고 고구려의 옛 강역이니, 우리들이 몸을 편안히 하고 목숨을 보존할 땅으로 이곳을 두고 어디에서 구할 것인가? 그래서 희망을 양식으로 삼고 곤경을 기반으로 삼아 온갖 풍상을 무릅쓰면서 죽어도 후회하지 않는 것이라는 것입니다.

대개 우리들이 세상을 살아가는 데 있어 두세 개의 중요한 일이 있습니다.

첫 번째는 산업입니다. …

두 번째는 교육입니다. …

세 번째는 권리입니다. …

고어에 이르기를,

"다리가 100개인 벌레는 죽더라도 엎어지지 않는다."

하였습니다. 이로써 미루어보건대, 눈이 100이면 보는 권리가 생겨나고, 귀가 100이면 듣는 권리가 생겨나고, 손이 100이면 물건을 갖는 권리가 생겨나고, 입이 100이면 말할 권리가 생겨나는 것입니다. 우리들이 진실로 자력으로 권리를 만들어 내고자 한다면, 사회 단체로 단합하는 것 이외에는 달리 방법이 없습니다. …

우리들에게 적합한 정도의 규약을 의논해서 정하여 공동으로 준수해 나간다면, 자연히 마음이 서로 통하고 뜻이 서로 맞아서, 마침내 완전한 법적 단체를 이룰 수 있을 것입니다. 단체가 한번 이루어지면 능력이 절로 생겨나고, 산업 · 교육이 장애가 없이 발전하여 장래의 행복이 차례로 손에 들어오게 될 것입니다. …

봉천성 내의 이주 한인의 수가 30만 명에 육박하는 상황에서 간곡한 석주의 제의에 호응하여 마침내 단체를 조직하였는데, 그것이 부민단扶民團이었다. 단체의 이름도 '부여의 옛 땅에서 부여 유민의 단체'라는 의미를 가진 것으로 석주의 역사의식이 반영된 것이었다.

단장에는 허혁許赫이 맡았다. 본명은 허겸許蒹으로 순국한 의병장 허위許蔿의 형이었다. 부단장 김동삼, 서무 김형식, 유하현 서쪽을 맡은 유서단총柳西團總 방기전, 유하현 동쪽 유동단총 황병문, 통화

허겸(1851~1939)의 후손 금숙·옥숙·성숙·광천 등이 2006~2008년 국적을 취득하여 귀국했다.

현 동쪽 통동단총 최명수, 통화현 서쪽 통서단총 최여명이 맡았고, 연길현 흥동단총은 김진호 등으로 중앙조직을 구성하였다.

이어 지방조직을 3단계로 나눠 결성하였다. 즉 10호호, 100호, 1,000호를 기준으로 패牌·구區·지방으로 나누고, 패에는 패장 또는 십가장+家長, 구에는 구장 또는 백가장, 지방에는 천가장으로 하여 각 1인을 두었다.

부민단은 조직을 정비하고 대표자대회를 개최하였는데, 여기에서 4가지 사항을 결의하였다.

1. 부민단을 정부의 기능을 가진 보다 넓은 범위를 의미하는 '부

민회扶民會'로 고친다.

2. 동포간의 소송사건을 담당할 검찰과 사판제도를 둔다.

3. 각 지방의 교육기관은 해당 지방에 맡기고, 신흥학교의 모든 경비는 본 기관에서 책임을 진다.

4. 흉작과 인명 손실을 극복하고 조국광복 달성에 매진한다.

이탁(1889~1930, 오른쪽) 의사의 본명은 제용濟鏞, 호는 동우東愚이다. 석주·안창호 등과 광복단체 통합을 위해 노력함 1920년부터 반일무장단체를 임사정부의 광복군이라 칭함. 상해에서 심장마비로 서거함.

이에 부민단은 부민회로 개명하는 한편, 부서를 확충하여 회장에 석주가 추대되었고, 부회장에 이탁, 의사부장에 김동삼, 재무부장에 안동식, 학무부장에 양규열, 검무감에 최명수, 사판장에 이진산, 검독에 성인호, 중앙검찰에 김형식·남정섭 등을 선임하였다. 그리고 각 지방에는 총관을 두어 자치행정을 실시하도록 하였다. 유서·유동·흥동총관은 종전의 단총이 유임되고, 통동총관에 최여명, 통서총관에 한규석, 해남총관에 성태영, 흥서총관에 이봉규가 새로 선임되었다.

이때 상황을 석주의 아들 준형濬衡은 「선부군유사」에서 비교적 자세히 기술하였다.

계축년(1913)에 재정의 곤란으로 경학사의 사무를 폐지하고 오직 신흥학교만 존속하여 교육사업에 전력하였다. 부군은 암려巖廬에 물러나 살면서 날마다 우리나라 역사를 초록하여 생도들의 교과서를 마련하였다. 불편한 거처, 험한 음식을 사람들은 그 고생을 견디지 못하였으나, 부군은 태연하게 처하였다.

서쪽 산비탈에 수삼 마지기의 콩밭이 있었는데, 날마다 가서 김을 맸다. 이웃에 사는 동포가 모두 서로 권면하기를,

"사장社長 선생이 손수 호미로 밭에 가서 김을 매는데 우리들이 어찌 감히 놀며 게으름을 피울 수 있겠는가."

하였다. 이때 교민의 호수가 매우 번성하여, 봉천성 안의 한국 교민의 총수가 이미 28만 6천여 인에 이르렀으나, 각지에 흩어져 살고 있어서 방만하여 통기統紀가 없었다. 부군께서 국한문으로 경고서를 만들었는데, 대개 산업·교육·권리 3개항을 강령으로 삼고, 끝에 가서 다시,

"이 3개항을 달성하려면 여러 단체가 단합하는 것을 가장 급선무로 삼지 않을 수 없다."

하여, 거듭 경계하고 타이르니, 민심이 한층 더 분발 진작하였다. 이에 각 단체가 분잡하게 일어나서 성대하게 면목을 일신하였고, 부군은 성의를 다해 지도하여 실질 사업에 힘쓰는 것을 주로 삼았다.

이리하여 남만주 지역의 전체 한인사회를 대표하는 기관으로 발족한 부민회는 한인의 자치를 담당하고 한인사회에서 발생하는 분쟁해결은 물론, 중국인과의 분쟁이나 중국 관청과의 각종

문제를 맡아 처리하게 되었다. 그리고 한인학교의 설립과 운영을 통하여 민족교육을 실시, 광복활동을 추진하는 것이었으니, 신흥학교 운영은 전적으로 부민회가 맡게 된 것이었다.

석주는 우선 한인들의 안정된 삶을 꾸려 나가기 위해서는 중국 당국으로부터 인정을 받는 것인데, 그것은 중국 국적에 입적하는 것, 즉 귀화하는 방법이 유일한 것이었다. 조국광복을 위해서 목숨을 걸고 살아가는 입장에서 본다면 모순된다고 볼 수도 있겠으나 법적·경제적 지위를 확보하고, 일제의 위협으로부터 목숨을 보전하는 길은 중국인으로 입적하는 것이 유일한 방안이었다. 석주는 이를 위해 신해혁명으로 새로이 들어선 중화민국의 지도층 인사와 재계·학계에 진정서를 내었다.

중화민국의 지도층 인사와 재계·학계의 여러분께 드립니다

우리나라는 중국과 더불어 정의의 두터움이 형제와 같아 이와 입술의 관계처럼 서로 의지하여 온 지가 지금까지 4천여 년인데 일본은 예로부터 중국과 한국 두 나라에 근심거리였습니다. 옛날 원대元代에 중국이 왜를 정벌할 적에 우리가 온 나라의 힘을 기울여서 도왔으며, 명나라는 임진년에 우리나라가 왜구의 난을 겪을 때 장수를 보내어 도와주었습니다. …

저희가 원수의 압제를 치욕으로 여기고 서로 손잡고 압록강을 건너고 동북지방을 찾아와 교포로 사는 것은 내심으로 '중화는 우방이니 그들은 한국 교민 보기를 결코 외국인이라 하여 차별하지 않을 것'이라는 생각 때문이었습니다. 나중에 하늘이 좋은 기회를 내려 우리가 만약 광복의 대업을 시작한다면 중국의 도움이 큰 몫으로 필

요할 것입니다. 그래서 중국에게 입적을 청하고 황무지를 개척하는 데 힘썼으며 작은 일에도 서로 조심하여 중화의 법률에 복종하기를 청원했습니다. …

우리 동북지방의 한국교민에게는 그 정책이 더욱 음험하여 첩자들을 시켜 말을 날조케 하기를, "한국 교포들이 군사를 모으고 병기를 조련하여 동북지방을 뒤흔들려 한다."하기도 하고, "한국 교포들이 아무 날에 아무 곳을 출발하려 한다."고 하니 그들의 속임수가 이토록 극악한 데 이르렀습니다. …

지난날 총통께서 각부에 반포한 '유민을 긍휼히 여기라.'는 말과 강기요康琦遙가 국회에 보낸 전문의 '한국의 독립을 도우라'는 말의 후덕한 뜻은 도리어 어디로 간 것입니까? …

한국과 중국은 역사적으로 서로 도운 관계인데, 일제가 "한국 교포들이 군사를 모으고 병기를 조련하여 동북지방을 뒤흔들려 한다."는 날조한 말에 의구심을 갖지 말아 달라는 요청서였다

이어 석주는 유하현 국민회장을 대신하여 이주 한인에 대하여 우려할 필요가 없음을 말하고, 한인을 수용했을 때의 이익 5가지와 내쫓았을 때 손해 5가지를 논리적으로 정리한 글을 중화민국 국회에 보냈다.

## 중화민국 국회에 제의하는 글

근자에 교포로 살아가는 한인들이 세월이 갈수록 증가하여, 동성東省에 흩어져 사는 자들만 해도 거의 수십만에 가까워졌습니다. …

대개 이들이 이주해 오는 것에 대해 가장 우려할 만한 일은 한 가지입니다. 일본이 철도를 놓은 이래로 남만주를 주목한 것이 하루

이틀이 아닙니다. 그런데 한국이 이미 그들에게 병합이 되었으니, 저들의 교묘한 속임수로 볼 때 혹여 한국을 내세워 앞잡이로 삼을 수도 있다는 것입니다. 본인이 거주하는 유하와 통화의 사이에는 한국의 교민이 가장 많습니다. 본인 또한 그런 것이 깊이 의심스러웠으므로 속으로 여기에 주의하여 항상 그 행동들을 살피고 그 여론을 청취하였으며, 그 지향하는 바를 염탐하였는데, 몇 년이 지난 뒤에야 비로소 그럴 우려가 없다는 것을 확신할 수 있었습니다. …

만약 나라가 다르다는 명분을 지키고자 한다면 받아들이지 않고 물리쳐 쫓아버리는 것이 좋고, 만약 동화시키는 정책을 펴고자 한다면 받아들여서 위무하는 것이 좋습니다. …

대개 물리쳐서 받아들이지 않으려고 한다면, 한 가지 이익도 없이 다섯 가지 손해만 있고, 받아들여서 품어주고자 한다면 한 가지 손해도 없이 다섯 가지 이익만 있을 것입니다.

석주는 이 글에서 이주 한인이 중국 당국으로부터 일제의 앞잡이로 의심받지 않도록 하기 위한 방안 8가지를 제시했는데, 이것은 이주 한인의 요구사항이기도 하였다.

1. 그 의관衣冠을 금지하여 그 형모形貌를 식별할 수 없게 만든다.
2. 민적에 드는 것을 허락하여 그 국계國界 및 족계族界를 없앤다.
3. 그 재산을 보호하여 대국의 은혜에 감동하게 한다.
4. 황무지의 개간을 허락하여 토지를 개간한 이익을 거둔다.
5. 그 학교를 관리하여 교육의 정신을 격려한다.
6. 그 자치를 허락하여 교민의 협잡을 방지한다.
7. 그 중 재지才智가 있는 자를 선발하여 국회에 참여할 권리를 동등하게 누리게 한다.
8. 그 중 충용忠勇이 있는 자를 장려하여 훗날 방어할 때의 수요

에 대비한다.

 석주가 제의한 8가지 방안 중에 이주 한인을 중국의 민적에
올려주고, 재산권 보호와 나아가 자치권과 함께 참정권을 요청
한 것이었으니, 단순한 요구사항이 아니었다.
 그리고 유하현 지사에게 수차례 글을 보내어 황무지 개간과
경작권을 얻게 되었고, 까다로운 조건과 절차를 거쳐 토지구매
도 할 수 있게 되어 이주 한인들의 삶도 점차 안정을 찾아가고
있음이 석주의 시에 드러나고 있다.

> 만주 사람들 논농사 지을 줄 몰라
> 거친 벌판 빌려 올벼 늦벼 파종했다
> 가을 되매 흰 쌀밥에 물고기 반찬
> 그제야 얼굴 볼그레 생기가 도네

 1915년 봄부터 처음 평지를 빌려 논을 일궈 벼농사를 지었는
데, 이로부터 질병이 점차 사라지게 되었다. 예기치 못한 날씨
에 대비하여 올벼와 늦벼를 파종하여 한 종자가 피해를 입더라
도 한 종자는 피해를 입지 않도록 할 정도로 지혜로운 농경을
하면서 여유를 찾은 모습을 보이고 있다.
 그는 유하현 대사탄大沙灘에 집단농장을 이끌어 갈 광업사廣業
社라는 단체를 조직하는 한편, 아들 준형을 안동으로 보내어 고
향의 재산을 처분해 오도록 하였다. 석주는 그 돈으로 삼통하三
統河 지역의 토지를 싼 값에 빌려 한인들이 농사지을 땅을 마련

하고, 춥고 척박한 만주 땅에서 잘 자랄 수 있는 볍씨를 구하여 보급하는 등 경제적 기반을 다지는 일에도 힘썼다. 그리고 해룡현에 자신계自新稧를 조직하고 신성호新成號라는 곡식을 수매하는 재단을 만들어 수확기에 주식으로 곡식을 수매하고, 춘궁기에 이를 매매하고자 하였으니, 고려·조선시대 '의창義倉'에 현대적 상업 방식을 접목시킨 것으로 매우 혁신적인 것이었다.

> 주식으로 신성호 재단을 세워
> 출납의 전권을 셈에 따라 맡겼다
> 봉함과 자물쇠 채우는 것 끝내 어찌 믿을까
> 『장자』의 「거협편」을 세 번이나 다시 본다

그러나 한인사회의 민족자본이 크게 형성될 것을 우려한 일제의 간교한 계략에 '일본의 선도자'로 오해를 받아 중국인으로부터 반발을 사게 되어 실시하지 못하고 말았다.

석주가 이끄는 부민회는 이주 한인의 자활과 교육사업에 주력하여 수십만의 이주 한인의 삶을 보호하고, 신흥학교를 통하여 수천 명의 애국청년을 군인으로 양성함으로써 독립운동의 기반을 다져나갔다.

1919년 3월 13일 유하·통화·흥경·환인·집안 등지의 한인 지도자들이 모여 남만주의 반일운동의 총본영인 군정부軍政府를 조직하기로 결의하고, 부민회를 '한족회韓族會'란 이름으로 발전적 개편을 하기로 뜻을 모았다.

# 백서농장 · 신흥무관학교를 아는가

석주 이상룡을 비롯한 이회영 형제, 백하 김대락, 성산 허혁, 시당 여준, 일송 김동삼 등 지도자들은 온갖 어려움 속에서도 경학사-부민단-부민회로 이어진 서간도 한인 단체를 이끌고 오면서 병농일치를 지향하여 신흥강습소-신흥학교를 운영하였다.

신흥학교 졸업생들은 독립군이 되거나 아니면 2년 동안 의무적으로 동포들을 상대로 교육을 하도록 규정하고 있었다. 그러나 독립군 부대가 따로 없던 현실 속에서 졸업생들은 대안을 마련해야만 했다. 그리하여 이듬해 신흥학교 교직원과 1회 졸업생 김석 · 강일수 · 이근호 등이 신흥교우단(뒤에 신흥학우단으로 개칭)을 조직하였다. 교직원과 졸업생은 정단원, 재학생은 준단원으로 단장을 중심으로 총무부 · 편집부 · 운동부 · 토론부 · 조사부 · 재정부 등의 부서를 두었다. 1회 졸업생 김석이 초대 단장, 이근호가 총무부장을 맡았고, 강일수가 편집부장으로 「신흥교우보」(후에 「신흥학우보」로 개칭)를 발행하여 신흥학교의 활동을 국내외에 널리 알리는 데 큰 역할을 하였다.

제1차 세계대전이 일어나자, 석주를 비롯한 부민회 지도자들은 장차 광복투쟁이 일어날 것에 대비하여 군영軍營을 마련하게 되었는데, 그것이 1914년 말 통화현 팔리초八里哨 소백차小白岔에 마련된 백서농장白西農莊이었다. '백서'란 백두산 서쪽이라는 의미였고, '농장'은 종전에 '학교' 대신 '강습소'라고 했던 것처럼 중국 당국의 눈을 피하고, 일제를 속이기 위한 조치였다.

백서농장은 1914년 가을부터 신흥학우단 단원들이 직접 벌목하여 농장을 만들었는데, 군인들이 근무할 수 있는 군영이었다. 농장에는 장주실莊主室·훈독실訓督室·총무실·의무실·경리실·수품실需品室·농감실·교도실·교관실·강당·중대장실·소대장실·병사실·치료실·식당·취사실·창고로 이루어진 것이었고, 농장 주변에 호를 파고 건물을 지어 초소로 사용하는 등 대단한 규모였다.

통화현 팔리초八里哨 소백차小白岔(현 팔리초촌)

　백서농장 장주는 김동삼, 훈독 양규열, 총무 김정제, 의감 김환, 경리 김자순, 수품 곽문, 의무 정선백, 농감 백광운, 교관 허석·김영윤·김동식·강보형, 교도대장 이근호, 제1중대장 안상목, 제2중대장 박상훈, 제3중대장 김경달 등이었다. 군사훈련과 교육은 훈독인 양규열의 감독 하에 시행되었고, 일반 작업과 농사는 장주인 김동삼의 지도 하에 농감인 백광운이 지휘를 하였는데, 구성원 모두 장차 일어날 광복투쟁의 기지를 건설한다는 일념으로 노력과 정성을 다하였다

그리하여 처음에는 신흥강습소와 신흥학교 졸업생 일부와 각 분교, 노동강습소 등에서 훈련된 군인 385명을 입영시켜 부대 편성을 하고, 농사를 지으면서 군사훈련을 하였고, 신흥학교 졸업생이 나오면 이곳 백서농장을 거치게 하여 광복투쟁을 준비하였는데, 5년여 동안 풍토병에 걸리면서까지 힘겨운 특수부대를 만들어 나갔던 것이다.

드디어 광복투쟁의 시기가 점차 다가오고 있음을 느끼게 하는 일이 생겼다. 1918년 봄부터 미국의 윌슨 대통령이 '민족자결주의'를 주창하면서부터 만주지역에서도 조국광복이 도래할 것 같은 분위기에 휩싸였다. 만주지역뿐만 아니라 러시아, 미국 등지의 지도자 39명이 「대한독립선언서」에 서명하고, 이듬해 정초에 이를 발표한 것이다. 게다가 국내에는 3.1만세의거로 몇 달 동안 삼천리 방방곡곡 만세소리로 뒤덮이고, 국내외 여러 곳에서 임시정부가 생겨나게 된 것이다.

이에 석주를 비롯한 한족회 지도자들은 신흥학교를 확충하여 사관생도와 하사관, 병졸 교육을 시키는 것이 시급하다고 판단하여 백서농장을 해체하고, 모든 역량을 신흥학교에 쏟아 붓기로 결정하였다.

신흥학교는 1912년 7월 20일(음력 6월 7일) 통화현 합니하에 신축 건물을 낙성한 후부터 명실상부한 무관학교로 출발하게 되었다. 1915년 한때 교명을 양성중학교養成中學校로 변경되었다가 다시 신흥학교로 환원되어 운영되었는데, 많은 군인을 기르기 위해 1919년 5월 유하현 고산자孤山子 임시 거처에 있다가 5월 31일(음력 5월 3일) 새 건물이 준공되어 신흥무관학교로 교명을 바꾸었다. 그 당시 국내외의 수많은 애국청년들이 신흥학교로 모여 들었기 때문이었다.

1919년 5월 31일 신축 신흥무관학교 본교 자리 - 길림성 유하현 고산자

# 우리가 조국광복을

## 민족지도자들, 한뜻으로

1918년 1월 8일 윌슨 대통령은 미국의 상하 양원 합동회의에
서 제1차 세계대전 후 수립되어야 하는 평화의 본질에 관한 자
신의 구상을 14개 조항으로 발표했는데, 그 핵심은 '민족자결주
의'였다. 이 소식은 전 세계 사람들에게 큰 공감을 주었는데, 특
히 식민치하에 있던 민족은 환호하였다.

국내외 광복지사들은 우리나라도 일제의 압박에서 벗어날 수
있을 것으로 기대하고 조국광복을 위한 노력에 박차를 가하게
되었다. 특히 이런 날이 오기를 기다리며 만주와 연해주 등지의
이역만리에서 망국의 설움을 안고 풍찬노숙도 하며 몽매간에도
조국광복을 위하여 싸워 온 광복지사와 독립군은 크게 고무되어
있었다.

그동안 굶주리며 온갖 난관을 이겨내면서 장병들을 길러왔던

부민회장 석주 일행은 신흥학교에서 실시하는 무예 연습을 관람하고 교직원과 학생들을 격려하기 위해 참석하였는데, 이때 이 무예 연습을 보러 온 사람들이 또 있었는데, 그들은 화룡현에서 파견된 김좌진金佐鎭(1889~1930) 일행이었다.

이 일에 대하여 「선부군유사」에는 간략하게 기록되어 있다.

> 무오년(1918)에 무예 연습하는 것을 보기 위해 밀십합蜜什哈에 가서 머물렀는데, 김좌진이 서울에서 왔다. 부군이 그와 대화를 하고는 의기가 서로 계합契슴하여 드디어 결탁하기로 허락하였다.

석주의 아들 준형은 "결탁하기로 허락하였다."고 기록했는데, 이 말에 주목할 필요가 있다. 당시 석주는 61세였고, 김좌진은 30세로 석주 아들보다 열네 살이나 어렸으며, 그 해 서울에서 간도에 온 젊은이였는데, "그와 대화를 하고는" 의기가 투합하여 결탁하기로 허락한 것은 그 대화 내용이 중대한 것이었고, 그리고 예사로운 결정이 아니었던 것으로 보인다.

당시 만주에서 가장 다양하고 광범위하게 광복활동을 해온 사람들은 대종교大倧敎[31] 지도자들이었다. 그는 대종교 2대 도사교都司敎(흔히 교주라 칭함) 김교헌金敎獻(1868~1923)이나 서일徐一(1881~1921)로부터 중대한 임무를 띠고 온 특사였던 것으로 추정할 수 있다.

김좌진은 1905년 17세에 무관학교에 입교했으나 얼마 후 군

---

31) 대종교大倧敎 : '倧'은 신인神人을 의미한다. '신인 환인·환웅·단군의 가르침'이란 뜻으로 한자도 일반적으로 쓰는 宗敎가 아니다.

대가 해산되는 바람에 신민회에서 활동했고, 1916년 노백린·신현대 등과 함께 광복단에 가입하였다. 그는 당시 경성부 재동에 살면서 최익환·성규식·강석룡·성욱환 등과 함께 보안법 위반 혐의로 구금되었다가 1917년 3월 28일 면소 판결을 받고 풀려난 후 1918년 만주로 망명하여 화룡현에 본부를 둔 대종교에 입교하게 되었다.

당시 압록강을 마주한 간도 땅에 대종교 지도자들이 세운 학교는 동창학교·동일학교·청일학교 등 수십 개였지만, 당시까지 사관생도를 기르는 학교는 없었기 때문에 이를 길러낼 학교 설립을 위해 많은 노력을 기울이고 있을 때였다. 대종교 지도자들은 장차 왕청현에 사관학교를 세워 조국광복을 위한 사관을 양성할 계획으로 있었기에 김좌진으로 하여금 신흥학교를 벤치마킹(benchmarking)을 하도록 하고, 신흥학교 운영 주체가 부민회였으므로 부민회 회장인 석주를 찾아뵙고 중대한 문제에 대하여 협조를 구하거나 동의를 받기 위한 임무를 띠고 왔던 것으로 보인다.

당시 신흥학교 교장은 이천민李天民이었는데, 그의 실명은 이세영李世永(1869~1938)이었다. 그는 충남 아산에서 태어나 청양으로 이사한 후 1902년 헌병대 중대장과 대한제국의 헌병대장 서리를 지낸 정위(정3품) 출신으로 이듬해 일제가 러일전쟁을 일으키기 위해 대한제국의 군부에 흉계를 꾸미려고 하자 이에 반발하여 사퇴하였고, 을사늑약 직후 민종식의 홍주의진 참모장으로 활약했다가 종신유배를 당했던 인물이었기에 홍성(1914년 이

전 홍주) 출신 김좌진은 당시 19세였기에 그 명성을 익히 알고 있었던 것으로 보인다.

백야 김좌진(1889~1930) 장군

그리고 해외에서 활약하던 광복지사들이 독립을 선언하고, 일제와 전쟁을 선포한「대한독립선언서」서명을 받기 위한 것도 방문 목적 중 하나였을 것으로 추정할 수 있다. 이른바「무오독립선언서」라고도 일컬어지는「대한독립선언서」는 무오년(1918) 음력 11월에 서명을 받아 기미년(1919) 2월 1일(음력 1월 1일) 세계만방에 선포했는데, 석주와 김동삼, 여준 등 부민회(뒤에 한족회) 소속이 10여 명이나 되었기 때문이다.

대한독립선언서

우리 대한 동족 남매와 온 세계 우방 동포여!
우리 대한은 완전한 자주독립과 신성한 평등복리로 우리 자손 여민黎民에 대대로 전하게 하기 위하여, 여기 이민족 전제의 학대와 억압을 해탈하고 대한 민주의 자립을 선포하노라. …
아, 우리 마음이 같고 도덕이 같은 2천만 형제자매여! 우리 단군 대황조께서 상제上帝에 좌우하시어 우리에게 기운을 명하시며, 세계와 시대가 우리의 복리를 돕는다. …

  아 우리 마음이 같고 도덕이 같은 2천만 형제자매여! 우리 독립은 국민의 본령을 자각한 독립임을 기억할 것이며, 동양평화를 보장하고 인류평등을 실시하기 위한 자립인 것을 명심할 것이며, 황천의 명령을 크게 받들어 일체의 사사로운 것에서 해탈하는 건국인 것을 확신하여, 육탄혈전으로 독립을 완성할지어다.

단군기원 4252년 2월 일

가나다 순[32]
김교헌 김규식 김동삼 김약연 김좌진 김학만 려준 류동열 리광 리대위 리동녕 리동휘 리범윤 리봉우 리상룡 리세영 리승만 리시영 리종탁 리탁 문창범 박성태 박용만 박은식 박찬익 손일민 신정 신채호 안정근 안창호 임방 윤세복 조용은 조욱 정재관 최병학 한흥 허혁 황상규

  이 선언서 내용을 보면, 먼저 대한은 완전한 자주 독립국임과 민주의 자립국임을 선포하고, 대한은 타민족의 대한이 아닌 우리 민족의 대한이며, 우리 한토韓土는 완전한 한인의 한토이니, 우리 독립은 민족을 스스로 보호하는 정당한 권리를 행사하는 것이고, 일본의 병합 수단은 사기·강박·무력·폭행 등에 의한 것이므로 무효이니, "섬은 섬으로 돌아가고 반도는 반도로 돌아오고, 대륙은 대륙으로 회복하라"고 하였다. 그리고 2,000만 동포들에게는 국민의 본령이 독립(광복)인 것을 명심하여, 이를 "육탄혈전"을 통하여 완성할 것을 요구하였다.

---

32) 가나다 순 : 이름은 모두 한자로만 되어 있는데, 두음법칙을 적용하지 않았다. 그리고 김규식은 본명이 金圭植으로 협동학교 교사 출신이다.

이 선언서는 대종교 2대 도사교 김교헌 선생이 주도한 것으로서 일제강점기 우리나라 최초의 독립선언서라는 것과 선언서에 서명한 사람이 해외에서 조국광복을 위해 활동하던 저명한 인사가 거의 망라되어 있는데, 서명자 39인 중, 김교헌·김좌진·박은식 등 대종교 지도자 10여 명, 연해주 및 북간도 지도자가 10여 명, 석주와 함께 부민회와 신흥학교에서 활동하던 지도자가 10여 명이나 되며, 이들 대부분 대한민국 임시정부 요인으로 참여했다는 점에 큰 의의가 있다 하겠다.

김교헌(1867~1923)의 호는 무원茂園. 공조판서 김창희金昌熙의 아들로 18세에 정시문과를 거쳐 병조·예조 참의, 성균관 대사성, 규장각부제학 등을 지낸 가선대부. 대종교 2대 도사교. 간도로 들어갈 때 340칸짜리 집 등을 매각하여 민족정기 회복을 위한 학교 수십 곳을 건립. 조소앙에게 「대한독립선언서」를 작성케 하여 광복단체 지도자 참여 주도. 경신대학살 등을 겪고 분사함. 박은식·양기탁·신채호·서일·윤세복·신숙·김승학 등이 대표적인 제자이다.

# 한족회 이끌며 지도자로

1911년 유하현으로 이주한 한인들이 경학사에 이어 부민단·부민회를 조직하고, 병농일치에 따라 황무지를 개간하여 전답으로 만들고, 광복투쟁을 수행할 무관을 양성하는 학교를 세워 운영해 왔다. 부민회는 남만주 동포사회 최고의 자치기관으로서 신흥학교·신흥무관학교는 그 산하 기관이었다.

1919년 3월 광무황제의 부음 소식이 들려오자 남만주 지역의 13개 단체 대표자들은 국상을 반포하고 복제를 시행하기로 하였으며, 새로운 광복활동 방안을 모색했는데, 모두 석주를 중심으로 뭉쳤던 것이 「선부군유사」에 드러나 있다.

　　남만주의 인사들이 유하의 고산자孤山子에 일제히 모여 혈전의 준비를 의논하고, 남정섭南廷燮·송종근宋鍾根 등을 전임으로 보내와서 일을 품의하고 길림성 사람[33]이 또 김좌진金佐鎭을 보내어 공적인 예모禮貌로 부군을 초빙하여 말하기를,
　　"남만주는 곧 우리의 애정이 모인 곳입니다. 지금 거사함을 당하여 의리상 다른 곳으로 갈 수 없습니다."
　　하므로 드디어 유하로 돌아왔다.

국내에서는 만세시위와 함께 일제로부터의 대한은 보호국이 아닌 독립국임이 선언되고, 국외의 민족지도자들이 독립선언과 함께 광복투쟁을 부르짖게 되자 부민회를 중심으로 한 남만주지

---

33) 길림성 사람 : 대종교 지도자를 뜻함

역 민족 단체 대표들은 4월 초순 또 부민회를 개최하고, 겉으로는 '한족회韓族會'를 표방하고, 실제는 광복투쟁의 총본영으로서 군정부軍政府를 구성하기로 결의하였다.

이에 앞서 3월 12일 부민회 지도자들은 유하현 삼원포에서 각지 학교의 교사와 학생, 기독교인 등 수백 명이 참석한 가운데 '3·1운동 축하회'를 개최하였다. 부민회 지도자들의 연설이 이어지고, 유하현 한인사회의 부인회 박혜순朴惠淳(1871~1919) 회장이 일찍이 손가락을 잘라 써 두었던 혈서가 전달되었다.

"최후의 1인까지 최후의 순간까지 나라를 위하여 목숨을 바치자"

축하회를 마친 후 삼원포 한인들은 집집마다 태극기를 게양하고 교회로 모여들었고, 동명학교 교장 한경희 목사를 비롯하여 박범조, 백남준 등 우국지사들이 열변을 토하자, 만세소리가 삼원포 하늘에 메아리쳤다. 이어 거리로 나가 '대한독립만세'를 외치며 행진하자, 폭동을 오해한 중국 경찰의 사격으로 시위군중 9명이 희생되는 참사가 발생하였다.

이날 민족 감정을 촉발시킨 주된 원인은 박 의사의 혈서였다. 박 의사는 평안남도 안주 태생으로 17세에 안주 용호리에 살던 선비 김준묵金俊黙과 혼인하여 3남 2녀를 두었으나 남편이 숨지고, 조카 김창무金昌武가 경술국치 이듬해 유하현 삼원포로 들어와서 광복활동을 하자 자녀들을 데리고 이주하여 삼성학교三省學校를 세워 민족정신을 고취시키는 데 앞장서 온 대장부였다.

석주가 박 의사가 숨지고 나서 '행략行略'을 지었는데, 그 행적이 경북 안동 출신 남자현南慈賢(1872~1933) 의사와 유사하다. 남 의사는 전기의병 때 남편을 여의고, 유복자를 기르면서, '남편이 왜, 무슨 일로 의병에 나가서 일찍 저 세상으로 갔을까'에 대한 자문을 거듭한 끝에 남편이 가족보다 더 소중한 것이 국가와 민족이었다는 것을 깨닫고, 1919년 3·1만세시위 이후 안동에서 유하현으로 이주하여 서로군정서에서 활약했던 분이었다.

### 애국부인 박씨의 행략

유인孺人의 자는 혜순惠淳이며, 박씨이고, 본관은 밀양이다. 아버지는 영초永楚이고, 어머니는 평산 신씨이다. 단기 4204년 신미년(1871) 정월 16일에 안주 남송면 남상리 집에서 태어났다. 어려서도 더할 수 없이 착한 성품이 있어 부모가 말씀하면 순순히 듣고 따르지 않음이 없었다. 조금 자라서는 규수의 범절을 일찍이 익혀 길쌈하고 방아찧는 등의 살림살이를 하나하나 다 익혔다. 나이 열일곱에 용호의 사인士人 김준묵金俊黙에게 출가하였는데, 부도를 지극하게 닦고 가정을 다스림에 법도가 있어 지역에서 그 현숙함을 칭송하였다.
이때 조정에는 일본과 우호하였는데, 부인은 국가의 위세가 점점 약해지고 이류異類가 퍼져서 가득한 것을 보고 무위婺緯의 근심을 일로 삼았다.[34] 급기야 경술년 8월에 일본이 강제로 합방조약을 맺자 나라 안의 인심이 들끓으며 모두 한 하늘아래 사는 것을 부끄러워하였는데, 유인은 마침내 나라를 떠날 마음을 먹었다. 다음해 가을에

---

34) 무위婺緯의 … 삼았다 : 춘추시대 주나라의 한 과부가 베틀에 올라 베를 짜면서 씨날[緯]이 부족한 것은 걱정하지 않고 오히려 주나라가 망하지나 않을까를 염려하였다는 고사. 나라를 걱정하여 자신의 집안을 돌보지 않는 것을 가리키는 말로 쓰였다.

조카 창무昌武가 나라를 걱정하는 인사들과 함께 중국 유하현 삼원포에서 결사結社하자, 유인은 그를 따라서 그곳으로 이사하였다.

10년 동안을 이국땅에서 풍상과 싸우고 풍토와 싸우는 삶은 헌걸찬 무부라 해도 꺾이지 않는 사람이 없었는데, 유인은 난초 같은 부드러움과 계피와 생강 같은 매서움으로 백절불굴하며 세월이 흐를수록 단련되고 굳건하게 되었다. 세 자녀를 교육하여 각기 재목으로 성장시켰으며, 기독교를 독실하게 믿어 춥고 덥고 비가 내려도 기도하며 예배하기를 그치지 않았다. 일찍이 이웃마을 동지들과 함께 부인회를 앞장서 세우고 또 삼성학교를 설립해서 나이 찬 여자들을 가르치면서 수시로 연설로 애국정신을 고취시켰다. 8월 29일이 되면 기념식을 거행하여 나라가 수치를 당한 전말을 설명하고 그때마다 자른 손가락을 언급하며 뜨거운 마음을 드러내었으니, 마당에 가득한 사람들이 감격하여 눈물을 흘렸다.

기미년 봄에 동서 여러 나라가 만국평화회의를 프랑스 파리에 열자, 내외 인사들이 이 기회를 이용하여 민족자결주의에 따라 독립국임을 선언하였는데, 우리 남만주의 교포들 또한 혈전 준비에 급급하였다. 이때 유인은 피로가 병이 되어 신음하며 병상에 있었기 때문에 여자군女子軍을 통솔하여 압록강 동쪽에서 태극기를 휘날리지 못함을 매우 한스럽게 여겼다.

6월 21일에 돌아가시었으니, 향년 49세였다. 모일某日에 대화사大花斜의 모향某向의 언덕에 장사 지냈다. 3남 2녀를 길렀으니 아들 창간昌艮은 결혼을 하였고, 창류昌塗와 창모昌模이며, 딸은 안재긍安載兢 · 정효원鄭孝源에게 출가하였다.

아아, 지금은 20세기이다. 부녀자가 나라를 위해 몸 바치는 것은 문명제국에서는 이미 제2차 천성이 되어 있는데, 우리나라는 새로운 세계에 자물쇠를 잠그고 있어 이러한 풍조가 두루 미치지 아니하고, 전해져 오는 습관에 아직도 고루함이 많아 부인계婦人界의 법도가 바느질하고 밥하는 것 외에는 막혀있고 다른 귀중한 임무가 없다. 국

가와 사회에 대해서는 자기가 간섭해서는 안 되는 일로 알고 있는
데, 하물며 나라를 사랑하여 그 몸을 희생할 수 있겠는가? 그러나
유인은 여자로써 먼저 깨달아 풍속을 개량하는데 힘을 쏟아서, 장려
할 것은 장려하고 각성시킬 것은 각성시켰다. 심지어 자신의 몸을
도려내면서까지 사람들을 애국의 성심을 불러 일으켰으니, 유인은
가히 우리나라 과도기의 나란부인羅蘭夫人[35])과 같은 분이라 할만하
다. 창무 군이 나와 함께 결사結社를 한 우의가 있다고 하여 나에게
부인의 행적을 서술하는 일을 부탁하였다. 사양하였으나 되지 못하
여, 마침내 마음에 느낀 바를 이와 같이 쓰노니, 단기 4253년(1920)
3월 하한이다.

### 김씨 부인의 애국성

삼원포 김창간 씨의 대부인은 베
를 짜서 생활하는 부인인데, 우리 독
립군을 돕기 위하여 몇 해 동안에
모은 돈 4만 50원을 다 기부하였더
라.(우리 미국에 있는 사람들은 이와
같이 열심을 쓰시고 논밭은 이 담에
사오)

미국에서 발행되던 주간지 「신한
민보」에 실린 박혜순 여사의 거액
기부 기사가 눈길을 끈다. 기사 제
목은 「김씨 부인의 애국성」인데,

박혜순 여사의 기부 기사
「신한민보」(1919.09.13)

---

35) 나란부인羅蘭夫人 : 프랑스 혁명기의 여걸 롤랑 부인(Madame Roland)

"김창간 씨의 대부인"을 김씨 부인이라고 했으니, 기사 내용과는 맞지는 않다. '대부인大夫人'은 남의 어머니를 높여 부르는 말이다. '삼원포 김창간'이 석주가 쓴 「애국부인 박씨 행략」에 나오는 박 의사의 맏아들과 동일 인물인지 불분명지만, 박 의사가 삼성학교를 설립하고 부인회 회장으로 활약하면서 손가락을 잘라서 혈서를 써 둘 정도의 행적으로 보아 동일 인물일 가능성이 매우 높다.

박 의사가 독립군을 돕기 위해 기부했다는 4만 50원은 거금이었기에 기사대로 몇 해 동안 모은 것도 있겠지만, 경술국치 후 이사할 때 상당한 돈을 가지고 왔을 가능성이 매우 크다고 본다. 박 의사가 기부한 금액을 당시 국내 쌀값으로 환산하면 쌀 1,000여 가마(1가마 80kg)에 해당하는 거액이었다.

그리고 석주가 쓴 「애국부인 박씨 행략」에 박 의사는 1919년 6월 21일(양력 7월 18일) 병사한 것으로 나오는데, 기사는 9월 13일인 것은 동일자 다른 기사에서 7월의 사건이 나오기도 하듯이 오늘날 신문과 차이가 났다.

한편, 통화현의 경우도 유하현과 같이 3월 12일 만세시위가 일어났고, 연길현에서는 이튿날 더욱 거세게 일어나 용정 북쪽의 서전瑞甸 들판에는 1만 명가량의 한인들이 모여들었다. 용정의 한인은 거의 참석했고, 부근 1백리 안의 동포가 모여들어 독립축하회 식장의 넓은 뜰을 꽉 메웠다. 독립축하식은 김영학金永學의 「독립선언포고문」의 낭독으로 시작되었고, 축하회를 마친 군중은 '대한독립'이라고 쓴 큰 기를 앞세우고 만세시위에 들어

갔다. 그러나 이 계획을 사전에 탐지한 일제는 중국 관헌과 교섭하여 '대한독립'이라 쓴 기를 빼앗고 발포명령을 내려 무차별 사격을 감행하여, 17명이 사망하고 48명이 부상했으며, 90여 명이 피체되었다.

3.13 반일의사릉 - 길림성 용정시 합성리

석주는 4월 중순 서간도 한인사회의 지도자들을 삼원포로 불렀다. 지난 3월 중순부터 부민회를 비롯한 모든 단체를 해산하고, 서간도 전 지역을 대표할 수 있는 단체를 만들기로 했는데, 그동안 만세시위가 1개월 이상 전개되는 바람에 그 결실을 보지 못하고 있었기 때문이었다.

마침내 며칠 동안 협의를 끝에 부민회를 해체하고, 5월부터 한족회를 발족하기로 하고, 중앙과 지방 조직을 구성하기로 의견을 모았다.

# 군정부 총재가 되어 광복투쟁 준비

  경술국치 이후 해외에서 우리나라 임시정부가 처음으로 선 것
은 1914년으로 이상설 · 이동휘 · 이동녕 · 정재관 등이 동지들을
규합하여 블라디보스토크에서 이상설과 이동휘를 정 · 부통령으
로 하는 '대한광복군정부'이다.

  그러나 그 해 제1차 세계대전이 일어나자 일본과 공동방위협
약에 따라 러시아 내에서 우리나라 사람의 모든 정치 · 사회 활
동이 금지되었고, 정부수립의 모체가 되었던 권업회勸業會마저
해산을 당하자 더 이상 광복활동을 못하고 해체되었다.

  1918년 월슨의 민족자결주의에 영향을 받고 서간도 등지에서
광복활동이 활발하게 전개되었고, 만주 등지의 지도자들이 대한
독립선언을 하자 경성에서 '기미독립선언'이 있게 되었고, 국내
외에서 3 · 1만세시위가 전개되었다.

  1910년대 서간도에는 부민회가 자치기관으로서 활약을 하고
있는 가운데 아동 및 청년교육을 하면서 군사교육에도 관심을
가졌던 여러 단체가 있었는데, 이 단체들이 국내외의 소식을 접
하고 1919년 5월부터 한족회라는 이름으로 단합하기에 이른 것
이다. 한족회는 서간도의 유하현 삼원포에 근거를 두고 자치기
관으로서 군정부軍政府를 조직하였다.

  남만주의 대중이 군정부를 설립하고 부군을 추대하여 총재로 삼
고, 여준呂準을 부총재로, 이탁李沰을 참모장관으로 삼았다. 외면으로

- 172 -

자치를 베풀면서 한족회라 이름하고 옷을 만들어 입혔다. 총관總管·
검독檢督 등의 직함을 두어 지방행정을 관장하게 하고, 청년을 대대
적으로 모집하여 속성과로 훈련시켰다. 이어서 인원을 파견하여 길
림성에 가서 함께 타협할 것을 일렀다. 회인현에 '한교공회韓僑公會'
가 있었는데 또한 초청해서 통합하였다. 그 지역의 범위는 남북이
1,500리이고 동서가 7, 8백리였다.

겉으로는 한족회 회장·부회장이라고 칭했지만, 실제로는 군
정부 총재·부총재였다. 총재에는 석주가 추대되고, 부총재에는
여준, 중앙총장 이탁, 서무부장 김동삼, 법무부장 이진산, 학무
부장 윤기섭, 재무부장 안동원 등이 선출되었다. 군사령관으로
이천민을 선임하였고, 지방조직으로는 매 1,000호마다 총관,
100호마다 구장, 10호마다 패장을 두었고 '의무금義務金'이라는
의연금을 수납하여 군정부의 재정적 뒷받침을 하게 했다

"청년을 대대적으
로 모집하여 속성과
로 훈련시켰다. 이어
서 인원을 파견하여
길림성에 가서 함께
타협할 것을 일렀
다."에서 알 수 있듯
이 석주가 이끈 군정

허혁(1851~1939)의 이름으로 후손들이 '의무금'을
내고 있었다. - 「신한민보」.1941.01.23

부는 청년을 대대적으로 모집하여 속성으로 훈련을 시키고자 하
였다. 그런 후 길림성 화룡현에 본부를 두었던 대종교 세력과

합쳐 압록강을 건너 국내로 진공할 계획을 수립하였으며, 아울러 무장투쟁을 전개하기 위한 조직체계도 갖추었다.

한편, 합니하 신흥학교에서 유하현 고산자에 넓은 기지를 정하여 40여 칸의 병영과 수만 평의 연병장·농장을 준비하여 다시 문을 열게 될 때까지 중국인 양조장 건물 수십 칸을 빌려 학교를 운영했지만, 1919년 5월 31일(음력 5월 3일) 교명도 신흥무관학교로 바꿔 문을 열게 되었는데, 처음 선임된 교직원은 만주지역은 물론, 국내에서도 명성이 드높은 인사들이었다.36)

교장 이천민(본명 이세영)
교감 윤기섭
교관 김경천(본명 김광서) 신동천(본명 신팔균) 이청천(본명 지청천)
　　　이범석 성준용 원병상 이장섭 김성로 계용보
의무감 안사영

고산자의 신흥무관학교 신축공사 당시부터 현장을 찾았던 세칭 '삼천三天' 김경천·신동천·이청천이 신흥무관학교 교관으로 활동한다는 소문은 만주는 물론, 국내까지 날 정도였다.

그러나 교장 이천민은 대종교 지도자들의 군정부 설립하는 데

36) 신흥무관학교 교관들은 대단한 인물들로 구성되었다. 그러나 성준용·원병상·이장섭·계용보는 『독립운동사』 제5권(1973)에 그 행적이 뚜렷이 기록했으면서 2018년 3월까지 포상이 이뤄지지 않았고, 김성로는 1990년과 1991년 2번 건국훈장 애국장으로 서훈되었다. 공적은 비슷하게 기록하고, 주소지를 안동 임하 천전 289번지와 277번지로 다르게 하고, 생몰연대를 각각 다르게 해 두었다. 참으로 잘못된 것이다.

도움을 주기 위해 교장을 사퇴하는 바람에 이시영이 교장을 맡았다. 이시영은 상해 임시정부로부터 법무총장에 임명돼 있던 상황이었지만 5월 10일 사퇴하게 되었다. 대종교 지도자들은 30만에 육박하는 대종교인을 묶을 단체의 설립과 수십 개의 초·중등 과정의 학생들을 졸업시켜 광복투쟁을 이끌 사관학교 설립이 급선무였다. 그래서 석주가 주창한 '한족회'에 참여해 줄 것을 수차례 재촉한 끝에 겨우 동의해 준 것이었다. 반면에 석주가 이끄는 군정부에는 수년 동안 길러낸 인재들이 넘쳐나고 있는 실정인 데다가 명성이 드높았던 '삼천'까지 참여한 상황이었고, 이전에 김좌진이 방문하여 석주에게 이세영, 이범석 등 다수의 인물을 서일·김좌진 등이 활약하는 길림성으로 가는 것을 허락했던 것으로 보인다.

한편, 신흥무관학교에 몰려드는 학생들의 나이도 차이가 많아 17, 8세의 소년으로부터 50여 세에 이르는 어른까지 실로 다양하였다. 고산자로 옮긴 후의 교육 또한 합니하의 전통을 그대로 이어 받은 것이었으나 교육과정과 수업연한이 다소 바뀌었다. 신흥학교에서는 4년제 본과와 3개월·6개월 과정의 속성과를 두었으나 신흥무관학교로 변경되면서 고산자 본교는 2년제 고등 군사반을 두어 고급간부를 양성하고자 했고, 합니하와 쾌대모자快大帽子, 임강현 홍토애紅土崖, 해룡현 성수하자聖水河子 등지에 있던 분교는 초등군사반을 두고 3개월간의 일반 훈련과 6개월간의 간부후보 훈련을 시켜 나갔으니, 석주의 지시대로 "청년을 대대적으로 모집하여 속성과로 훈련시켜" 광복투쟁 준비를 서둘

럼던 것이다.

1919년 8월, 대종교 지도자들로부터 사관생도 육성 책임자로 임명된 김좌진이 군정부에 신흥학교·신흥무관학교 졸업생을 교관 요원으로 보내줄 것을 요청해오자, 김춘식·오상세·박영희·백종렬·강화린·최해·이윤강 등으로 하여금 왕청현의 사관학교와 서대파의 사관연성소의 교관으로 가게 하였다.

이듬해 9월, 갑자기 중국 당국의 지시로 신흥무관학교를 폐교하게된 것이다. 일제의 끈질긴 외교적 압력에 중국 당국이 굴복한 결과였다. 한족회 최고 지도자이자 군정부 총재였던 석주는 사령관 이청천으로 하여금 신흥무관학교를 이전할 곳을 물색하도록 하였다. 이청천은 교직원과 생도로 구성된 300여 명을 '교성대敎成隊'라고 칭하고 안도현 백두산 기슭으로 들어가 새 터전을 잡고자 하였다.

신흥무관학교는 1920년 9월 폐교될 때까지 신흥강습소·신흥학교에서 9년 동안 배출한 사람은 1,500여 명, 1919년 5월부터 이듬해 9월까지 1년여 동안 신흥무관학교 본교와 분교에 소속되었던 학생은 2,000여 명으로 추산하는데, 이들은 광복투쟁의 핵심인물로 성장해 나갔다.

# 임시정부와 역할분담 하기로

석주가 이끄는 한인회의 군정부가 조직되기 보름 전에 상해에는 대한민국 임시정부가 수립되었다. 그 후 대한민국 임시정부는 서간도에 수립된 군정부를 상해 임시정부에 통합시키고 명칭을 변경할 것을 요청해 왔다.

이에 앞서 1919년 4월 11일 임시의정원에서 국호를 대한민국으로 정하고, 임시헌법의 승인과 함께 임시대통령과 내각을 구성하여 이틀 뒤인 13일 상해에 있던 각국 영사관에 이 사실을 통보함에 따라 대한민국 임시정부가 수립되었다. 상해의 대한민국 임시정부는 김규식을 급히 파리강화회의에 보내어 「대한독립청원서」를 제출한 것이 5월 12일이었다.

그리고 임시정부 내무총장으로 발탁된 도산 안창호(1878~1938)는 미국에서 상해로 와서 5월 25일에는 한인대회를 개최하고, 당시 군정부 총재였던 석주에게 편지를 보내어 임시정부가 지향하는 점에 대하여 자신의 견해를 말하면서 견해를 여쭈었다.

선생께서는 국가의 영수로서, 덕망이 태산과 같고 노숙하고 깊이 있는 지혜를 가진 분으로 국내외의 존경을 받으시는 분이시니, 바라건대 때로 지침을 내려 주시어 저희들이 따를 수 있게 해 주신다면 그만한 영광과 다행이 없겠습니다. 각항의 정무의 진행에 대해서는 스스로 외교와 내정, 재무와 군사 4가지 대단으로 주축을 삼았는데, 지금부터 차례로 여기에 대해 자세히 밝혀 올리오니 청컨대 고치고 바로잡아 주시기 바랍니다.

도산은 자신보다 20세나 연세가 많은 석주가 서간도 군정부 총재를 맡고 있었기에 임시정부를 운영함에 있어 첫째 외교, 둘째 내정, 셋째 재무, 넷째 군사라고 자세히 설명한 것이었는데, 이 편지를 본 석주는 이렇게 답했다.

> 합하께서는 먼저 깨달으신 천민天民(도를 체득한 사람)으로서 정무를 총괄하시니, 평소 가슴에 쌓아 오신 경륜을 꺼내어 시행하시기에 지금이 그 알맞은 때입니다. 일찍부터 작정된 계획으로 공고한 기초를 확립하시어 나라 안팎의 기대에 부응하시길 빕니다. …
> 삼가 합하께서는 지금부터 앞에서 정하신 4가지 대단 중에서 조금 순서를 바꾸어서, 제4항을 제1항으로 하고, 제3항을 제2항으로 삼아서 이 일에 전력을 경주하시기를 바랍니다. 그렇게 되면 이른바 제1항과 제2항은 크게 신경을 쓰지 않아도 저절로 잘 성취되리라고 봅니다.

이처럼 석주는 국제회의 등 외교를 통하여 광복을 도모하는 것보다 직접 국내 진격을 통한 광복을 주장한 것으로 외교를 우선한 대한민국 임시정부를 비판한 바 있었다.

그러나 임시정부를 표방한 국내외의 여러 단체를 통합하여 상해의 대한민국 임시정부가 성립된 후 의정원 의장 명의로 이승만 임시대통령 당선과 국무총리에 이동휘가 선출되었음을 밝힌 것이 9월 11일이었다. 그에 따라 연해주에 머무르고 있던 이동휘가 9월 18일 상해로 와서 국무총리에 취임하게 되었고, 기타 광복활동을 하던 지도자들도 상해 임시정부를 유일한 임시정부로 인정하는 추세에서 만주에 군정부가 그대로 존속돼 있다는 것은 대한민국 임시정부가 국내외적으로 불신을 초래할 우려가 있는 일이었다.

석주는 그동안 임시정부 요인들과 협의한 내용을 놓고 군정부 참모들과 의견을 나누었다.

이동녕·이동휘·안창호·이승만 등이 상해에 임시정부를 세우고 여운형을 보내어 함께 타협하기를 요청하였다. 남만주 군정부의 여러 사람의 의논들은 대다수가 듣지 않으려 하였다.

부군이 말하기를,

"내 의견으로는 정부를 세우는 것이 너무 이르다고 여긴다. 그러나 이미 정부를 세웠으면 동일한 민족인데, 어찌 두 정부가 있을 수 있겠는가? 또 바야흐로 준비하는 시대에 있으니 마땅히 단합을 도모해야 할 것이지, 권위를 마음으로 삼는 것은 옳지 못하다."

하니, 대중이 기뻐서 복종하였다. 드디어 임시정부와 손을 잡았다. 이로부터 군정부軍政府을 고쳐 군정서軍政署로 하고, 독판督辦의 제도를 채용하였다.

한족회 회장이면서 군정부 총재인 석주는 임시정부 요인들과 편지를 주고받기를 수차례 하고, 임시정부에서는 안정근安定根·왕삼덕王三德(본명 김병헌金炳憲) 등을 보내서 협의를 하였고, 석주는 군정부 위원 송양근宋梁根·한경희韓敬禧를 파견하기도 하고, 학무부장 윤기섭尹琦燮을 상해로 보내어 임시정부와 군정부가 광복활동의 역할을 분담하는 방안을 논의하게 되었다. 그 핵심내용은 국제 외교상 임시정부는 상해에 두되, 국내외 광복활동을 위한 군사기관은 만주에 둔다는 것이었다. 이것은 당시의 실정에 있어서 가장 타당한 방안이었다. 상해 임시정부 당국자들도 이 문제에 대한 진지한 논의를 거듭한 끝에 군정부와 합의를 보게 되어 한족회의 군정부를 대한민국 임시정부 산하의 군정서軍政署로서 광복활동을 하는 군사기관으로 역할을 담당하기로 하였다.

그런데, 대종교 지도자들은 임시정부 요인으로 많이 참여하고 있는 가운데 1919년 10월 대한군정부大韓軍政府 수립을 발표한 것이었다. 그동안 한족회에 적극적이지 않고, 새로운 한교공회를 만들고, 급기야 대한정의단大韓正義團과 대한군정회大韓軍政會를 통합하여 대한군정부로 개편한 것이어서 석주는 임시정부와 협의를 하면서 한교공회 회장에게 수차례 편지를 보내 회인현의 동포들도 모두 한족회에 동참할 것을 호소한 바 있었다. 대종교 지도자들은 민족교육에 집중했을 뿐, 특별히 장교를 양성하는 기관도 없었기에 통합하여 광복투쟁을 전개하자고 제의한 것이었다.

### 회인현 한교공회 회장 손병헌에게 드리다

… 다행스럽게도 하늘이 그 동기를 유발하여 올 봄부터 독립을 선언하기 시작하였고, 국내는 우선 물론하고 외국에도 그만두더라도 우리 남만주 교포 각 단체들이 연합하여 하나의 군정기관軍政機關을 건설하고, 이어서 상해에 연락하고 길림과 타협하여 국민정신이 차례로 통일되고 있으며, 본서本署[37]가 동포들에게 신뢰를 받게 된 것

---

37) 본서本署 : 군정서를 말한다. 서로군정서라는 명칭이 붙기 이전이다.

은 전적으로 민족 단결력에 힘입은 것입니다. 그래서 내외의 이목이 온통 서간도로 쏠리고 있는데, 귀회貴會만 아직 하나로 합쳐주지 않고 있다는 것으로 큰 흠결일 뿐입니다. 제가 생각건대 회장님께서는 일찍이 이런 뜻을 이해하시고 여름에 만났을 때 주의를 표시해 주신 적이 있고 편지로도 역시 그런 간절한 마음을 피력하신 적이 있었는데, 중추仲秋에 사람을 보내셨을 때는 공교롭게도 마침 길이 어긋났고, 지난달에 보내주신 편지도 또 기회를 놓쳤으니, 좋은 일에는 많은 장애가 있다는 것을 알고 아주 한탄스럽습니다.

지금은 시기가 날로 급박하게 돌아가고 외세는 날로 강해지고 있으니, 우리가 광복에 뜻이 없다면 그만이겠으나 참으로 단합에 뜻이 있다면 늦습니다. 이에 다시 위원을 파견하오니 함께 충분히 토론하고 협의하시어 하나로 합쳐 주시기를 간절히 바랍니다.


임시정부는 석주가 이끄는 군정부를 군정서로 하여 임시정부 산하의 광복을 위한 군사기관으로서의 활동을 하도록 협의를 한 것인데, 또 대한군정부가 등장하자 그 명칭을 대한군정서로 변경할 것을 요청하였고, 대한군정부는 그 요청을 받아들여 그 해 12월에 대한군정서가 되었는데, 임시정부는 물론, 한인사회에서는 석주가 이끄는 한족회의 군정서를 서로군정서, 대종교 계열의 대한군정서를 북로군정서라는 이름으로 통칭했다.

북로군정서 개편 당시의 임원은 총재 서일, 총사령관 김좌진, 참모장 이장녕, 사단장 김규식金圭植, 여단장 최해崔海, 연대장 정훈鄭勳, 연성대장 이범석李範奭 등이었다. 북로군정서는 근거지를 왕청현의 서대파 십리평 일대에 걸친 삼림지대에 두고 8동의 병영을 지어 사관연성소를 운영하였는데, 신흥무관학교에 도

움을 요청하여 이범석을 포함한 다수의 장교와 각종 교재를 공급받고, 관할 지역 내 주민들과 국내로부터 오는 청년들을 뽑아 본격적인 군사훈련을 실시하였다.

그리하여 1920년 6월 기초훈련을 끝낸 600명 중에 300명만이 회색 군복을 입고 본격적인 군사훈련에 들어가서 그 해 9월 9일 제1회 졸업생 298명을 배출하게 되었다.

서일(1881~1921)은 함북 경원 출신으로 명동중학교 설립. 대한군정서 (통칭 북로군정서) 총재. 대종교 도사교는 아니었지만 나철·김교헌과 더불어 대종교 3종사로 일컬어짐. 흑하사변(자유시참변)으로 많은 대종교 사람들이 학살을 당하자 자신을 탓하며 자결함.

# 유일한 군정서에서 서로군정서로

석주가 임시정부의 제안을 받아들임에 따라 1919년 11월 17일 임시정부의 특별국무회의에서 한족회 산하의 군정부를 임시정부의 산하에 두는 것으로 결정되었다. 그리하여 군정부는 군정서로, 다시 서로군정서 그 이름을 변경하고, 조직도 개편하게 되었는데, 독판부의 독판에는 이상룡, 부독판 여준, 정무청장 이탁李沰, 군정청장 양재훈梁在薰(일명 梁圭烈), 내무사장 곽문郭文, 법무사장 김응섭金應燮, 재무사장 남정섭南庭燮, 학무사장 김형식金衡植, 참모부장 김동삼, 사령관 이청천 등으로 구성되었다.

서로군정서는 임시정부와 역할 분담을 협의할 때 광복을 위해 국내 진공작전을 포함한 광복투쟁을 목표로 했다. 그것은 제1차 세계대전 종결되기 직전에 제창되었던 윌슨의 민족자결주의로 인하여 광복운동의 분위기가 고조되기 시작하여 1919년 3·1만세시위는 이를 더욱 상승시켜 적절한 시기가 오면 수행될 것이었다. 당초 광복활동을 하던 지도자들은 1919년 5월의 파리강화회의에서 민족자결주의 원칙에 따라 약소국의 입장이 논의될 것으로 기대했지만, 이러한 희망이 이루어지지 않은 데 따른 것이었다.

서로군정서의 주요 활동은 군자금 모집, 군인 양성, 그리고 무장활동이었다. 무장활동을 전개하기 위해서는 가장 먼저 필요한 것이 군자금이었다. 군정서는 서간도 지역의 자치기구이자 광복투쟁을 전개하기 위한 인적·물적 자원을 제공한 한족회를 통해

군자금을 모집했다. 한족회는 서간도의 유하·통화·회인·집
안·임강·해룡·홍경 등의 현에 살던 한인 약 8만 호38)를 토
대로 조직된 단체로 일제 강점기 국내외에서 비교할 대상이 없
는 가장 큰 단체였다. 한족회의 지방조직은 이전의 기구였던 부
민단·부민회의 조직체계를 바탕으로 보다 효과적으로 기능했는
데, 중국 당국의 묵인 하에 별도의 자치기구를 갖추었던 것이
다. 그리고 한족회는 서간도의 한인들에게서 1호당 1원 5각씩의
'의무금義務金'을 부과하여 군자금을 모았고, 국내에 요원을 파견
해 군자금을 모아 서로군정서를 운영해 나갔다.

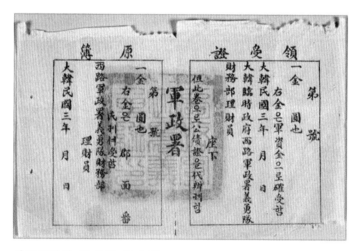

서로군정서 군자금 영수증

　석주는 임시정부로부터 광복을 위해 국내 진공작전을 포함한
광복투쟁을 수행하는 임무를 부여받았기에 신흥무관학교를 통하

38) 8만 호 : 대한민국 임시정부 기관지 「독립신문」(1919.10.04)

여 군인을 양성하면서 군자금을 마련하여 일본군과 싸울 군대와 무기를 갖추는 일에 박차를 가하였다. 석주는 군정청과 참모부, 신흥무관학교 교관들과 무기구입에 관하여 협의를 한 결과 연해주로 가서 러시아제 폐총과 1차 세계대전 때 블라디보스토크에 출병했던 체코 군대가 귀국하면서 시장에 팔았던 무기를 구입해 오기로 하였다.

석주는 이를 위해 군자금을 마련해 두고 있었다. 이 군자금 속에는 한인들이 한족회에 낸 의무금과 아들 준형으로 하여금 고향의 재산을 처분해서 마련한 것이었다. 석주의 아들은 국내에 수차례 다녀왔는데, 오갈 때 비밀리 다녀야 하는 것은 물론, 토지를 매매하는 것도 쉬운 일이 아니어서 급매 형태로 팔거나 토지나 집의 문서를 잡히고 돈을 빌려 오기가 일쑤였고, 심지어 임청각을 잡히고 군자금을 마련해 오기도 하였다.

석주는 무기 구입을 위해 많은 사람을 동원하여 연해주로 보낸다는 것은 위험하기 짝이 없다고 판단하였다. 무기가 블라디보스토크 시장에 전시해 두고 공개적으로 판매하는 것도 아니고, 또한 공개적으로 무기구매를 하겠다고 할 수도 없는 노릇이었다. 게다가 중국과 러시아 관헌의 감시도 피해야 했지만, 무엇보다도 일본 군경과 비밀리 활동 중인 밀정의 눈을 피해야 했기 때문이었다. 일제는 만주지역에 들어온 한국인의 반일투쟁과 광복활동을 막기 위해서 1919년 6월 1일부터 '외무성 경찰관'이라는 이름으로 가장해서 일본 헌병대를 파견했고, 마적단으로부터 한인을 보호해 준다는 명목으로 만주지역 곳곳에 영사관을 설치하고, 영사관과 한인 보호를 위한 명분으로 파출소를 운영하고 있었으며, 과거 의병을 진압할 때 활용했던 것처럼 많은 밀정을 풀어놓고 있었기 때문이다.

특히 1919년 가을부터 만주와 연해주 한인에 대하여 일제는 초긴장을 하고 있었다. 이른바 '강우규 의거'라고 일컬어지는 조선총독부 총독 저격의거 때문이었다. 강우규 의거는 1919년 9월 2일 3대 총독 사이토齋藤實가 부임차 부산에서 경성으로 기차를 타고 남대문정거장(현 서울역)에 도착해 마차에 오를 때, 왈우曰愚 강우규姜宇奎(1855~1920) 의사가 품에 지니고 있던 수류탄을 던졌다. 사이토 저격에는 실패하였으나 총독부 정무총감과 만주철도이사, 뉴욕시장의 딸, 수행원, 경찰, 신문기자 등 37명의 사상자를 낸 의거였다.

왈우 강우규 의사 동상(서울역 광장)

강우규 의사는 평안남도 덕천 출신으로 1911년 북간도 두도구頭道溝로 망명하여 농토를 개간하여 신흥촌을 건설하고, 1917년에 동광학교를 세워 인재를 양성하고 있었다. 그는 조국광복을 위해 블라디보스토크를 자주 왕래하면서 동지들과 광복활동을 도모해 오다가 블라디보스토크 신한촌노인단 대표로서 러시아인으로부터 영국제 수류탄 1개를 구입하여 원산을 거쳐 서울로 들어와서 거사를 감행했던 것이다.

그 후 광무황제의 아들인 의친왕[39] 이강李堈이 해외 망명을 시도했다가 실패한 사건이 두 차례 있었다. 첫 번째는 연해주로 탈출하여 블라디보스토크 신한촌까지 잠입하였으나 결국 일본의 경찰에 피체된 것이 1919년 9월 14일이었는데, 일제가 비밀에 부치는 바람에 일반인들은 잘 모르고 있었다. 두 번째는 경의선을 타고 중국 안동을 거쳐 상해로 향하려고 했다가 11월 9일 안동역에서

의친왕 이강의 피체, 압송 기사
- 상해 「민국일보」 1919.11.29

일본 경찰에 피체된 사건이었는데, 신문에 연일 보도되어 큰 파장을 일으켰다.

따라서 블라디보스토크는 서간도와 마찬가지로 검문검색이 엄중했기에 무기구입은 매우 신중을 기해야 할 문제였다.

---

39) 의친왕 : 광무황제와 명성황후는 4남 1녀를 두었으나 융희황제 (1874~1926) 외는 모두 일찍 죽었기에 융희황제보다 세 살 적은 의친왕이 둘째 아들인 셈이다. 의친왕은 귀인 장씨 소생이다.

# 서로군정서 소속 부대 무장하다

석주는 군자금으로 무기를 구입하여 서로군정서 예하부대를 무장시켜야 광복투쟁을 전개할 수 있기 때문에 무기구입에 대해 고민하고 있었다. 신흥학교 뒤를 이어 신흥무관학교로 교명을 바꿔 이전한 후 배출되는 애국청년이 더욱 늘어나고, 곧 광복투쟁을 벌일 것 같은 분위기가 감돌았다. 만주를 비롯한 광복활동을 해 오던 39명의 지도자들이 2천만 배달겨레에게 "육탄혈전"을 요청한「대한독립선언서」에서 이미 대일 선전포고를 한 것과 같은 것이었는데, 그것이 벌써 1년이 다 됐기 때문이었다.

1920년 정초, 석주는 서로군정서 군정청장 양재훈, 참모부장 김동삼, 사령관 이청천을 불렀다. 연해주로 가서 무기구매를 할 책임자를 선발하기 위함이었다. 무기를 잘 알고, 연해주 일대 지리를 잘 알며, 대한신민단, 전로한족회 등에서 활동하는 사람과 접촉할 수 있는 몇 사람을 엄선하니, 그 책임자로 선발된 자가 교관 김경천이었다.

그러나 이른바 '삼천' 중의 한 사람이 신흥무관학교에서 갑자기 사라지면, 그것을 의아해 하거나 기밀이 새 나갈 수 있어서 마치 집단 따돌림을 당하여 다른 곳으로 떠나는 것처럼 꾸며 연해주로 보냈다. 무기구매와 운반에 걸리는 기간 등을 고려해서 1920년 2월에 김준金俊·김봉학金鳳鶴 등 14명의 대원을 무기운반대로 선정하여 김경천과 약속한 장소인 러시아 수이푼秋豊으로 보내어 무기를 운반하게 하여 무장하게 하였다.

연해주에서 구매한 무기는 러시아제가 많았고, 독일제·일본제의 소총은 물론, 기관총까지 다양했다. 블라디보스토그에서 구입한 것도 있었지만, 수이푼에 살고 있던 동포들이 소지한 무기를 포함, 그곳의 동포와 러시아 적군의 도움을 받았던 것으로 추정할 수 있다. 왜냐 하면, 무기구매의 책임자로 떠났던 김경천은 돌아오지 않고 그 해 3월 수이푼 지역에서 반일투쟁을 벌이던 한인들과 함께 러시아의 적군赤軍과 연합하 여 반혁명군인 백위군白衛軍·일본군과 전투를 벌였고, 이들의 세력에 밀려 연해주의 수잔 Suchan(현 파르티잔스크)으로 퇴각하던 중 동포를 괴롭히던 중국의 마적들을 소탕하였다. 이때부터 북만주와 시베리아에서 또 명성을 크게 얻어 동포사회에서는 '김장군'이라 불리게 되었기 때문이다.

김경천(1888~1942) : 함남 북청 출신. 초명은 현충, 광서光瑞로 개명. 1911년 일본 육사를 졸업 후 기병장교. 1919년 일본군 탈출. 신흥무관학교 교관. 러시아에서 병사. (부인 유정화)

석주는 험로를 헤치고 무기를 구매하여 무사히 운반해 온 운반대원들의 노고를 치하하고, 사령관 이청천으로 하여금 무기를 부대 편제에 맞게 하니, 의용대 4개 중대와 별동대, 유격대 등이 어엿한 군대로서 활동할 수 있게 되었다. 이로써 서로군정서는 5월부터 임시정부와 협약한 대로 조국광복을 위한 무장투쟁에 나서게 되었다.

석주는 서로군정서 참모와 각 중대장을 불러 광복투쟁의 방향에 관하여 협의를 하였다. 여기에서 도출된 것이 '일본군과 싸울 상황은 아니지만, 일제와 그들 앞잡이로 인해 국내외 한인들의 고초가 매우 심하기 때문에 가만히 두고만 볼 수 없다'는 것이었다. 그리하여 서로군정서 유격대와 별동대의 활약이 시작되었다.

그 해 7월 중에는 서로군정서 의용대원 문학빈·송문평 등이 삭주·벽동 지방으로 가서 일본 주재소를 습격하였고, 8월 중에는 자성군을 마주한 간도 땅에서 일본 경찰의 밀정을 토벌하면서 일본군 경찰대와 교전을 벌여 하찬린, 이구태 대원이 전사 순국하기도 하였지만, 의용대원 이종식, 이창덕 등은 평안북도로 들어가서 일제 앞잡이로 악명이 높았던 후창군수 계응규를 총살하고, 며칠 후에는 후창 군내에 있던 주재소를 공격하기도 하였으나 이 창덕 대원은 피체되어 이듬해인 1921년 4월 21일 평양감옥에서 교수형으

官吏

○官吏發著
新義州ヘ出張ヲ命セラレタル朝鮮總督府技師今野濟ハ五月二日、東京橫濱千葉敦賀大阪方面ヘ出張ヲ命セラレタル同名倉勝ハ同月三日執モ出勢、全北及京都三重兵庫熊本ヘ出張中ノ朝鮮總督府事務官小田省吾ハ同月一日、忠淸北道管內ヘ出張中ノ同洪承均ハ四月二十九日、出府中ノ朝鮮總督府技師武藤倍雄ハ四月三十日執モ歸著セリ

司法、警察及監獄

○死刑執行
咸鏡南道北靑郡中山面廣川里李昌德ハ大正九年十二月六日平壤地方法院新義州支廳ニ於テ大正八年制合第七號違反及殺人罪ニ依リ死刑ノ宣告ヲ受ケ大正十年二月二十六日判決確定シタル處大正十年四月二十一日平壤監獄ニ於テ執行セラレタリ

이창덕 의사, 1921년 4월 21일 교수형 집행으로 순국 - 「조선총독부관보」 1921. 05.05

- 190 -

로 순국하기도 하였다. 또, 유격대원의 일부가 강계군 고산면에서 일본 경찰대 를 과감히 격퇴하고 추격전까지 전개하여 많은 손해를 주었으며, 9월에는 한족회의 검찰관으로 활동한 바도 있는 김낙현과 의용대 이병철 등은 강계군 문옥면·삼강면의 주재소와 면사무소를 습격하여 개가를 올렸다. 특히 이병철은 대장 직무를 맡아 대원들을 지휘하여 과감한 행동으로 문옥면 면

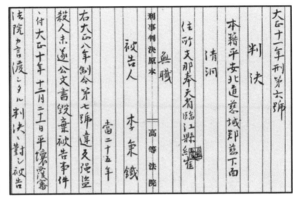

이병철(1898~미상)은 평북 자성 출신. 신흥학교를 나와 서로군정서 제2연대 제2대대 제4중대 내무반장이었다. 징역 20년형을 받고 19년 8개월간 옥고를 치른 후 1941년 2월 11일 서대문형무소에서 가출옥하였다.

사무소 점령, 공금을 압수하고 주재소를 습격하여 무기를 노획하고, 삼강주재소를 습격하였으나 이병철은 피체되어 20여 년간 옥고를 치르는 등 신흥무관학교 출신들의 활약은 대단하였다.

# 일본군의 간도 대학살

일제는 간도지역의 반일무장단체를 학살하기 위해 이른바 '마적단'을 이용, 사건을 조작하여 간도 출병의 구실로 삼았던 것이 한두 번이 아니었고, 번번이 실패하였으나 또 마적단을 동원하여 대규모 공작을 벌인 것이 두 차례의 '훈춘사건'이었다.

훈춘사건(훈춘대학살)에 동원되었던 일본군 - 보병 여단사령부, 보병 3개 연대, 기병·포병 각 1개 연대, 공병 1개 대대에서 차출된 규모로 수천 명이었다.

1920년 9월 12일 일제에 매수된 300명의 마적단이 길림성의 성도인 훈춘을 습격하여 한인의 집 400여 호를 불태우는 바람에 한인 30여 명이 불에 타서 목숨을 잃은 데 이어 10월 2일 새벽 4시 마적단이 또 훈춘을 습격했다. 마적단은 상가를 약탈하고 훈춘의 일본 영사관 분관에 방화한 뒤 오전 8시에 퇴각했다. 중국인 70여 명, 한인 7명이 살해됐고, 일본인은 사망 13명, 부상 31명이었다. 일제는 이 사건을 불령선인不逞鮮人의 소행이라고 주장하며 재만 일본인의 생명과 재산을 보호한다는 구실로 즉각 군대와 경찰을 출동시켰다.

이 같은 일제의 공작은 그들의 기밀문서와 각종 기록에 고스란히 남아 있다. 일제는 조선총독부 경무국장 아카이케赤池濃와 내무국 사무관 마루야마丸山鶴吉가 협의한 것을 외무대신 우치다內田康哉에게 보내고, 만주나 연해주 주요 도시마다 설치된 영사관의 영사들이 외무대신이나 경무국장에게 정보를 보고하면, 외무대신은 육군대신이나 총리, 총독에게 보고하는 체제를 가동하여 한인 단체는 물론, 한인들이 집단촌을 이루고 살아가는 곳도 의심스러운 점이 있다고 판단되면 '호당胡黨', '호적胡賊', '호자胡子/鬍子'로 일컬어지던 마적단을 사주하여 야비하게 공격하였다.

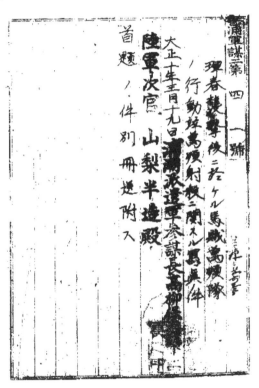

일본군 만주파견군 참모장이 육군차관에게 보낸 마적馬賊 사살 전보(1920.03.19)인데, 한중 연합군에서 김일성 정도의 비중이 높았던 '만순'은 1936년 현상금 2만원이 붙었다. 총살한 장면을 사진까지 남겼지만, 거짓이었다.

대정 8년 11월 조선총독부의 간촉懇囑에 의하여 압록강, 두만강, 송화강 등의 유역에서 일본 관헌의 출동이 곤란한 중국 지대에 반거한 불령선인의 토벌을 행하려고 백두산 주위에서 가장 세력이 있는 마적 두목 장강호長江好(본명 張魁武)와 협의를 수행한 결과로서 불령선인 토벌 전임 부대를 편성하기로 하고 장의 부하 1,400명 중에서 가장 정예가 되는 500여 명을 선발하여 이를 하나의 부대로 하고 장강호 및 중야천락中野天樂은 직접 그 지휘의 임에 담당하여 송화강 및 압록강 유역에서 불령선인 토벌에 활동한 사실의 대략과 일본 부대가 일본 관헌과 연락 강행한 사실의 대략, 또 항상 배일 행위를 하여 제국의 불리한 행위만 하는 중국인에 대하여 우리 일대가 취할 조치의 개략 등을 각항으로 나누어 간단히 기재하는 것이다.

　　　－ 독립운동사편찬위원회, 『독립운동사자료』 제10권. 204~205쪽

　이것은 총독부에서 만주 창춘 일동사—東社 지사장 나카노中野天樂로 하여금 마적 두목 장강호長江好에게 거금과 무기를 제공하여 압록강·두만강·송화강 일대의 반일무장단체나 양민을 학살한 기록의 일부이다.

　3·1만세시위 이후 일제는 종전의 전략을 바꿔 경찰 중심에서 군대를 이용하기로 한 것이었다. 경술국치 후 한인들이 만주에 집단적으로 들어온 지 10년쯤 지나고 나니, 경제적으로 안정을 찾게 되었고, 점차 광복을 위한 반일무장단체가 생겨나게 되자 일제는 경찰력만으로는 효율적으로 제압할 수 없다고 판단하여 당시 동북 3성의 실권자 장작림에게 엄청난 뇌물을 주고 마침내 일본군을 동원하여 한인 대학살에 나서게 되었다.

● 제1회 봉천회의 및 만주 지방 수사반의 파견

대정 9년 5월 상순 봉천 길림 양성의 불령선인 검거에 관한 용무를 띠고 봉천에 도착한 조선총독부 적지(赤地) 경무국장 일행은 그 지방에서 적총赤塚 총영사, 재등齋藤 길림 독군 고문, 정야町野 봉천 독군 고문, 기타의 관계자와 협정하고 장 순열사(장작림)에게 요구한 결과 봉천 성내 및 간도 방면의 검거를 실시하기로 되었다.

봉천 성대에서는 상전上田·판본坂本 양 경찰 고문을 장으로 하고 여기에 일본 헌병 및 경찰관과 중국 순경, 조선인 약간으로부터 수사반을 편성하여 안동·관전·환인·집안·임강·무순·홍경·유하·해룡 방면에 출동하여 독립단獨立團과 한족회韓族會에 속한 불령자의 검거에 착수하기에 이르렀다.

- 독립운동사편찬위원회, 『독립운동사자료집』 10권, 162~163쪽

『독립운동사자료집』에 나온 것은 일본군 기밀문서를 그대로 번역한 것이다. "일본 헌병 및 경찰관과 중국 순경, 조선인 약간으로부터 수사반을 편성하여 안동·관전·환인·집안·임강·무순·홍경·유하·해룡 방면에 출동하여 독립단獨立團과 한족회韓族會에 속한" 한인을 대상으로 대학살을 벌이겠다는 것이었다. 한인회가 곧 서로군정서요, 서로군정서가 운용하는 군대가 의용대, 유격대, 별동대요, 또한 신흥무관학교였으니, 일제로서는 학살 대상으로 삼았던 것이다.

그래서 일제의 비밀문서는 석주와 서로군정서 유력인사들에 대한 동태를 밀정을 동원하여 철저히 파악하고 있는 것이 100건이 넘었다.

# 청산리대첩은 신흥무관학교에서

석주가 이끄는 서로군정서의 활약으로 각지에서 광복 단체가 생겨나고, 또한 다양한 광복투쟁을 전개하게 되었다.

대표적인 단체로는 3·1만세시위 이후 많은 동포가 만주로 이주하는 기회를 이용, 그동안 연해주와 서간도 관전현 등지에서 활약하던 박장호朴長浩·조맹선趙孟善·백삼규白三圭·전덕원全德元 등 각 단체대표 560여 명이 유하현 삼원포에 모여 종전의 단체를 해체하고, 대한독립단을 조직하였다.

이어 연길현 및 왕청현을 중심으로 홍범도洪範圖가 이끄는 대한독립군, 최진동崔振東이 이끈 군무도독부, 안무安武가 사령관이었던 국민회, 국내 함경도와 만주, 연해주에 40여 개 지구 2만여 명의 단원으로 조직된 대한신민회(일명 신민회·신민단)가 결성되었다. 이들 단체는 그 뿌리가 의병활동에서 시작된 것으로 오랫동안 광복투쟁을 벌여 왔다.

그런데, 3·1만세시위 이후 신흥무

박상진·김한종 의사 사형 집행 기사 - 「조선총독부관보」(1921.09.08)

관학교가 더욱 번창하자, 중국 당국의 입장이 점차 바뀌어 갔다. 특히 동삼성 군벌세력이 일제에 우호적인 입장으로 바뀌고, 중국에서도 5·4운동이 일어나자 한인에 대하여 탄압을 한 곳도 많아졌다. 그리하여 1920년 1월 유하현에서는 한족회를 비롯한 한인 단체의 해산을 명령하였다. 그리고 5월부터는 본격적으로 중·일합동수색대를 편성하여 서간도 일대에서 독립운동 세력을 제거하고자 하였다. 그리하여 5월 31일 서로군정서 소재지 유하현 삼원포에 일본 경찰과 중국 순병 등으로 구성된 중·일합동수색대는 동포 300여 명을 붙잡아 가기까지 하였다.

석주는 중국 관리의 처사에 대하여 항의하고, 대책을 마련하기 위해 길림성 독군督軍 포귀경鮑貴卿을 만나러 창춘으로 향했다. 그는 중국 정부의 실권자 장작림의 장인이었다.

그는 먼저 중국과 한국 두 나라의 지리·역사관계가 밀접함을 말하고, 다음에는 현재의 한국 민족의 상태 및 중국에서의 한국 교민의 형편과 중국이 한국 교민을 대우하는 데 있어서의 실책을 말하였다. 이어서 '민적에 편입하는 것', '황무지를 개간하는 것', '자치를 행사하는 것', '공자의 가르침을 설행하는 것, '무예를 연습하는 것' 등 5개 조건을 허가해 줄 것을 요구하였음이 『석주유고』에 실려 있다.

5개 조건을 인허해 줄 것을 요구하고, 최후에 다시 이 요청을 듣고 듣지 않는 이해利害에 대해 말하여, 잇따라 수천 마디 말이 있었는데, 두 나라의 사정에 절실히 맞는 것이었다.
포귀경鮑貴卿이 크게 공경하며 감탄하였다. 이에 길림성 안의 각

현에 비밀히 신칙하기를,

"한국 교민의 행동이 진심에서 나왔으니 모름지기 특별히 비호해 주고 다시 곤액을 당하지 않게 하라."

하였다.


그 후 일본군이 만주 동삼성 일대에서 함부로 설치는 일이 다소 주춤했는데, 일제는 전략을 다소 바꾼 것이었다. 일본군의 자작극이거나 앞잡이들과 짜고 사건을 일으켜서 불가피하게 출동한 것처럼 꾸미는 것이었다.

일제는 종전까지 '독립군'이라고 하여도 기껏해야 엽총이나 화승총, 러일전쟁 때 사용했다가 버린 폐총을 든 게 고작이었는데, 점차 무기다운 무기를 들고 일본 군경을 위협하는 상황이 되자, 북간도와 연해주에 거주 한인들을 제거하여 무기 공급원을 원천 봉쇄하는 전략으로 나왔다.

일제는 서로군정서 무기구매 직후인 1920년 3월 중순 블라디보스토크를 중심으로 연해주 일대에서 이른바 '불령선인 초토작전'을 전개하였는데, 이 작전에서 마적단을 동원하여 대학살전을 벌인 후, 그 해 6월의 봉오동전투 참패의 보복으로 8월에 '간도지방 불령선인 초토작전'을 벌여 간도지역의 한인들을 몰살하려고 하였지만 많은 반일무장단체들은 근거지를 이동하며 혈전을 계속하였다.

일반적으로 알려진 '봉오동전투'에 대한 자료들을 종합하여 정리하면 다음과 같다.

1920년 6월 4일 홍범도와 최진동 부대의 1개 소대가 두만강을 건너 함경북도 종성군 강양동에 주둔하고 있던 1개 소대 규모의 일본군 헌병 국경초소를 습격하여 격파하자, 일본군 제19사단장은 보병 소좌 야스카와安川二郎가 지휘하는 보병 및 기관총대 1개 대대를 출동시켰다. 일본군은 안산과 고려령 두 전투에서 120명의 전사자를 냈다. 6월 7일 일본군은 독립군의 유도작전에 말려들어 봉오동전투가 전개되었는데, 157명의 전사자와 200여 명의 부상자를 냈다.

봉오동전투는 홍범도·최진동 부대가 일본군 정규군을 대패시켜 독립군의 사기를 크게 진작시킨 것으로 반일무장투쟁사에 빛나는 전과 중 하나였다.

청산리전투도 김좌진 장군이 이끈 북로군정서 400~1,400명, 홍범도 장군이 600~1,200명, 최진동 장군과 안무 장군이 이끈 300~500명의 독립군으로 일본군 2만여 명을 상대로 전투를 벌여 일본군 1,200~1,300명을 살상한 전투로 반일무장투쟁사에 빛나는 전과 중 하나였다고 평가하고 있다.

대한군정부는 1919년 10월 대한정의단과 대한군정회가 통합한 것이었는데, 그 해 12월 상해 임시정부의 지시로 대한

청산리전투 - 부상병 후송하는 일본군

군정서로 명칭을 바꾸었으며, 북로군정서라고도 하였다. 북로군정서 서일 총재는 군정서에 반드시 필요한 사관학교를 세우고자 하였다. 서일은 신민회 등에서 계몽활동을 하던 김좌진이 1년 전인 1918년 서울에서 망명해 와 있던 터라 그로 하여금 서로군정서 소속의 신흥무관학교의 도움을 받아 1920년 3월 사관연성소를 개교하여 6개월 과정 첫 졸업생 298명을 배출한 것이 그 해 9월 9일이었는데, 그 해 10월 21일부터 10월 26일까지 길림성 화룡현 청산리에서 벌어졌던 전투가 청산리전투였다.

일송 김동삼(1878~1937) 의사

그렇다면, 1911년부터 1920년 9월까지 군정부-군정서-서로군정서 소속의 신흥강습소-신흥학교-신흥무관학교를 거친 우리의 정예군인들, "만주벌 삼천三天 장군"이라고 국내외에서 명성을 떨쳤던 김경천(본명 김광서)·신동천(본명 신팔균)·이청천(본명 지청천) 장군이 길러낸 신흥무관학교 졸업생 등 10년간 3,500여 명은 다 어디로 갔단 말인가? 이른바 '백서농장'이란 이름을 붙여 5년여 동안 지옥훈련을 했던 "백두산 호랑이" 김동삼 장군이 길러낸 특수부대원은 다 어디로 갔으며, 청산리전투가 있기 불과 1개월 전인 1920년 9월 일제의 사주로 인해 중국 당국에서 신흥무관학교를 폐교하자 교직원과 생도 300여 명은 '교성대'라고 칭하고 청산리에서 가까운 안도현으로 가서 새 터전을 잡으려고 했는데, 그들은 거기서 농부라도 되었단 말인기?

『석주유고』에는 다음과 같이 간략히 기록돼 있다.

경신년(1920)에 왜적이 삼로三路로 나누어 군대를 전진시켰다. 한 부대는 흥경興京으로부터 신개령新開嶺을 넘어 영춘원永春源으로 들어오고, 한 부대는 철령鐵嶺으로부터 산성자山城子를 경유하여 유하현을 치고, 또 대군으로 훈춘·연길 등의 현으로 곧장 향하였다. 왜적이 지나가는 곳마다 한인 촌락이 잔멸殘滅하여 거의 다 없어졌다.

남만군서南滿軍署[40]가 먼저 유동流動하였으나 김필金弼·곽종목郭鍾穆 등은 뒤떨어져서 잡혀 죽었다. 이청천[41]이 5단團의 군사를 통솔하고 왜적과 청산靑山에서 만나 크게 승첩하여 수백여 명을 죽였다.

1919년 5월부터 1920년 9월까지 서로군정서 예하의 신흥무관학교는 본교 외 분교가 통화현과 유하현에 있었는데, 2,000여 명의 생도를 배출하였고, 생도 외 군사활동의 주력부대는 의용대 5개 중대가 있었다. 그 5개 중대를 석주는,

"이청천이 5단의 군사를 통솔하고 청산에서 크게 승첩하여"

라고, 기록하였다. 군사활동을 하던 부대는 통화현 합니하에서 백서농장을 경영하던 신흥학교 졸업생 신광재申光在(본명 신용관辛

---

40) 남만군서南滿軍署 : 서로군정서를 남만주군정서(약칭 남만군서), 북로군정서를 북만주군정서(약칭 북만군서北滿軍署)라고도 하였다.
41) 이청천李靑天 : 본명은 지청천池靑天이다. 서로군정서 사령관이었다.

홍범도(1868~1943) 장군 묘소 - 카자흐스탄 끄즐오르다시
시립중앙공동묘지

容寬)·백광운白狂雲(본명 채찬蔡燦) 등에 의하여 조직, 운영되었다.
신광재가 병사하자, 백광운·김소하金筱夏(본명 장기초張基礎)·김창
환金昌煥 등을 중심으로 세력이 확충되어, 남만주 지역 독립군의
가장 우수한 부대를 이루었으며 그 병력은 약 9백 명에 달하였
고, 주둔지는 집안현과 통화현의 각지에서 활동하였다.

　줄잡아도 청산리전투에 참여한 서로군정서 부대는 최소한 이
청천 사령관이 이끌었던 5개 중대 900명과 홍범도 부대와 연합
작전을 펼친 교성대 300명 등 1,200명 이상이었다고 본다.

　「선부군유사」에는 석주가 의용대장 신광재의 죽음을 슬퍼하며
애도문을 지어 보냈다고 기록하였다.

이 해(1920) 봄에 임강臨江[42])의 의용대장 신광재辛光在의 부음을 들었다. 신광재는 병학兵學에 통달하고 사람을 거느리는 재능이 있어 중진의 관방장이 되었는데 이때 와서 진중에서 병들어 죽었다. 부군은 슬픔이 심하여 글을 지어 사람을 대신 보내어 제사지내고, 백광운白光雲으로 그 소임을 대신 맡겼다. 뒤에 김창환金昌煥을 보내어 그 군사를 통령統領하게 하였다.

서로군정서 예하의 신흥무관학교가 있던 곳은 유하현 고산자요, 청산리전투가 벌어졌던 곳은 화룡현 청산리다. 두 곳 사이의 거리가 불과 백리 길이었고, 두 곳이 모두 서간도지역이다. 1920년 9월 폐교 명령을 받고 신흥무관학교 교직원과 생도 300여 명이 교성대라고 칭하고 들어간 곳이 화룡현과 붙어 있는 안도현이었다. 중국 지리를 잘 모르는 사람들이 석주 일행이 신의주를 통하여 중국에 들어가서 자리 잡았다는 곳이 서간도라고 하니, 신의주 건너편쯤으로 생각하기 쉬우나 신흥무관학교가 있던 고산자는 중강진 건너편, 백두산 너머 왼쪽에 위치한 곳으로 모두 서간도지역이다.

---

42) 임강臨江 : 임강현 홍토애紅土崖에는 신흥무관학교 분교가 있었다.

# 민족통합에 소매를 걷어붙이고

## 술병 메고 밭머리에 나가

일제는 조작한 훈춘사건을 빌미로 삼아 반일무장단체를 학살하고, 그 근거지를 초토화하기 위해 전투를 벌인 것이 청산리전투였다. 이 전투에서 참패를 당한 일본군은 그 해 10월부터 이듬해인 1921년 5월까지 한인 3,700여 명을 학살하였고, 5,000여 명을 체포했다. 그리고 가옥은 3,300여 채나 불태웠다.

이처럼 한인이 엄청나게 학살되고, 건물과 곡물 등에 커다란 피해가 발생하여 반일무장투쟁의 근거지가 대부분 참화를 입게 되어 반일무장단체는 다시 새로운 기지를 건설해야만 하였다.

석주는 일제의 대학살로 인해 기운을 잃은 군사들을 다독이며 서로군정서를 수습하는 모습이 「선부군유사」에 나타나고 있다.

이때 왜적의 군대가 갓 지나가서 인심이 풀어지고, 직원이 사방에 흩어졌는데 오직 여준呂準·이탁李沰 두 사람이 몇 십 명의 청년을 거느리고 액목額穆의 둔장屯庄에 머물러 있을 뿐이었다. 액목은 화전樺甸에서 4백리 거리에 떨어져 있어 남과 북에서 서로 바라보고 다만 서신으로 연락할 뿐이니 정체되고 장애되는 일이 많았다. 이에 남상복南相復·최명수崔明洙 등을 시켜 각지에 돌아다니며 효유하니 사람들이 점차 모여들었다.

신유년(1921)에 눈길을 밟고 황강黃崗에 들어가서 군정서를 개설하고, 결원을 선출·보임하는 일을 의논하고, 그대로 같이 머물며 살면서 공농公農사업을 살펴보았다.

황학수黃學秀가 북경에서 박용만의 미주국민군美洲國民軍 소속으로 와서 투탁投托하였다. 그대로 황강에 머물러 있으면서 군사조련의 사무를 관장하였다.

이때 북진하던 이청천의 군대가 영안寧安으로 물러나 주둔하였는데, 군정서가 액목에 옮겨와 있다는 말을 듣고 차차 병영으로 돌아오므로 모두 농병農兵으로 편입하였다. 여름철을 당하여 점심밥을 먹을 적에 이탁은 밥을 지고, 여준은 장을 들고, 부군은 술병을 메고 밭머리에 나가서 위로하니 모두 감격 분발하여 피곤을 잊어 버렸다.


일본군의 대학살로 인하여 반일무장단체들의 기세는 많이 좌절되었으며, 여러 단체는 대부분 벽지로 분산되었으나 대부분 신흥무관학교 출신으로 구성된 서로군정서 대원들의 의기는 꺾이지 않아 흩어졌던 대원들이 점차 모여들었다.

청산리전투에서 이청천 사령관을 중심으로 크게 활약한 서로군정서 대원들은 다시 결집하여 임시정부와 약속했던 광복투쟁을 전개하였다. 서로군정서는 1919년부터 1922년까지 서간도와 평안북도에서 국내의 부일배 관료, 적의 밀정, 부일단체의 간부

등을 제거했다. 또한 서로군정서는 간도 지역에서 일제의 각종 통치기관에 대한 습격 뿐 아니라 평안도와 함경도를 포함한 국내에서의 작전을 시도했다. 주 대상은 국경지역의 주재소와 경찰서였지만, 경상북도 지역의 관공서 폭파 또한 수행되었다. 비록 실패로 돌아갔지만 조선총독을 비롯한 총독부의 고관을 겨냥한 경성에서의 작전 또한 시도되기도 했다.

한편, 1920년 12월 중국 동북지방에서 서로군정서 이청천 부대는 북로군정서 김좌진 부대와 합류하여 대한독립군 大韓獨立軍을 결성하였으나 서로군정서 예하의 일부 부대는 독자적으로 반일무장활동을 계속하였다.

황학수(1879~1953) 장군은 대한제국 무관학교를 나온 후 안동진위대장 출신으로 서로군정서 참모장과 대한광복군 부사령관을 지냈다. (앞줄 가운데)

그 예로 서로군정서 의용대장 백광운과 이병철·장창헌·백설령 등의 과감하고 끈기 있는 활동으로 그동안 일부 흩어졌던 장병을 재수습하고 또 노령 방면으로부터 무기도 구입하여, 도처에서 날뛰는 일본인 거류민단과 보민회 등 일제 앞잡이들의 준동을 분쇄하고, 1922년 6월에 유하현의 옛 진영을 갖추게 되었으며, 또 일찍이 대한의 육군 장교요, 신흥무관학교 교관이던 김창환을 총지휘관으로 맞이하여 크게 사기를 진작하게 되었다. 따라서 반일무장단체의 통합 운동이 진행되는 중에도 의용대의 활동은 여전히 계속되었다

이동규 등이 이끈 부대는 1921년 6월 압록강을 건너 삭주군 양산면의 주재소를 습격하였으며, 의용대 제2대장이 지휘하는 한 부대는 집안현 일대의 적 앞잡이들을 소탕하는 중 집안현 뇌사차磊四岔와 관전현 소황구小荒溝에서 일본 경찰대와 두 차례에 전투를 벌여 이들을 격퇴시켰다.

이청천(1888~1957) 장군의 초명은 지석규池錫奎. 훗날 지청천으로 개명. 서로군정서 사령관, 광복군 총사령관으로 활약했다.

이 무렵 평안북도의 강계·위원·벽동·희천·삭주 및 평안남도의 성천·대동·강동 등 각 군에서 자주적 경찰대와 전투를 벌이던 반일무장단체가 대개 서로군정서의 의용대원들이었다.

# 광복투쟁단체 통합을 위해

> 묘년妙年에 피리 차고 기상은 무지개처럼 찬연하노니
> 넝쿨 위에 뜬 달과 솔바람이 멀리서 이목에 들어오네
> 이번 걸음에 반드시 신명의 도움을 얻으리니
> 단군께서 아아 밝게 우리 대동을 돌아보시리라

　서로군정서 예하의 신흥무관학교가 중국 당국으로부터 폐교를 당하자, 석주는 신흥무관학교 교관인 성준용·이범석·강호석姜好錫(초명 남호南鎬)[43] 등을 안도현 내도산內島山(일명 유두산乳頭山) 방면에 새로운 터전을 잡아보게 하였다. 그곳은 연길에서 백두산에 거의 이른 지점인 이도진二道鎭을 지난 곳이니, 중국 당국이나 일제의 눈을 피할 수 있으리라.

　마침내 사령관 이청천은 교직원과 생도 300여 명을 교성대라고 칭하고 백두산 기슭의 안도현 내도산에 군사기지를 마련하였다. 이들은 1년여 뒤에 안도현 삼인방三因坊에서 홍범도 부대와 합류하여 청산리전투를 벌여 승첩한 후 일본군의 추격을 피해 러시아와 만주의 국경지대인 밀산密山으로 이동하였고, 반일무장단체의 통합을 시도하여 러시아령으로 이동하였으나, 1921년 6월 광복투쟁사의 참극인 흑하사변黑河事變('자유시참변'이라고도 함)을 겪게 되었다. 이는 반일무장단체와 러시아 적군이 교전을 벌인 것으로, 반일무장단체의 통수권을 두고 내부의 노선 차이에서 빚어진 분쟁이었다. 이 참극으로 많은 인명이 살상되어 반일

---

43) 강호석姜好錫 : 강호석은 석주의 하나뿐인 사위였다

무장단체는 큰 타격을 입었다. 살아남은 반일무장단체는 각기 세력별로 병력을 수습해 만주로 돌아와 활동하였다.

한편, 서로군정서의 주력부대와 별개로 서간도 일대에 주둔하였던 백광운 부대를 포함하여 서로군정서 예하의 부대에서 활동했던 사람들은 다시 광복활동을 위한 기반을 재건하기 위한 각 단체의 통합을 시도하였다.

1922년 6월 서로군정서·대한독립단·보합단·광한단·광복군총영 등은 통합군사조직체로서 대한통군부大韓統軍府를 결성했다. 같은 해 8월 대한통군부 참가 단체들이 중심이 되어 남만한족통일회가 개최되어 새로운 통합운동 단체로 대한통의부大韓統義府를, 통합군대로 대한통의부 의용군을 결성했다. 그러나 이듬해 내부의 복벽파와 공화파 간의 갈등으로 의군부와 통의부로 다시 분열되었다. 이들은 강력한 무장투쟁을 전개하기 위해서는 강력한 지도력을 갖춘 군정부가 있어야 한다고 주장하여 백광운·조능식 등을 임시정부로 파견, 임시정부 직할 군정부로 요청하기에 이르렀고, 임시정부는 1924년 6월 26일 이들의 제안을 받아들여 전에 설립했던 광복군사령부의 전통을 계승한 임시정부 직속 남만군정부南滿軍政府를 인정하고 정식 명칭을 대한민국임시정부육군주만참의부大韓民國臨時政府陸軍駐滿叅議府로 하였다.

1924년 11월 길림민회·독립군단·서로군정서·의성단 등 12개 단체를 통합한 것으로 정의부正義府가 출범하였다. 이 단체는 주로 통의부를 토대로 조직되었는데, 중앙집행위원장 이탁, 총무위원장 김이대, 민사위원장 김호, 군사위원장 이청천, 재무위원장 오동진, 교육위원장 김진호, 법무위원장 이진산, 조선의용군총사령 이청천, 참모장 김동삼 등이었으며, 7개 중대 병력을 가진 단체가 되었다. 봉천성과 길림성을 세력범위로 하여 8만 7천여 명의 한인이 있었는데, 무장투쟁을 전개하는 한편 산업과 교육에도 힘썼다. 장교 중에 유능한 자를 선발하여 광동군관학교에 유학시켰으며, 각지 한인부락에는 소학교를 설립하여 초등교육을 의무적으로 실시했다. 유하현 삼원보에 동명중학을 설립하여 중등학술을 가르쳤으며, 관전현에 화성의숙을 설립하여 광복투쟁을 위한 혁명 간부를 양성했다.

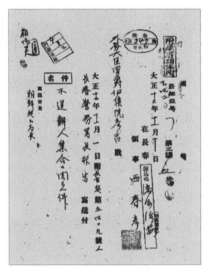

『일본외무성기록』 기밀 제347호 (1923.11.10) 「불령선인 집합에 관한 건」이란 제목으로 장춘 일본영사가 외무대신에게 보고한 것이다. 이상룡, 김동삼, 김좌진, 김규식, 윤세복, 양기탁 등이 모임을 가졌다는 보고서이다. 일제는 이상룡과 그 주변인물의 동태에 관련된 기밀 보고서가 100여 건이나 된다.

이 과정에서 석주는 많은 지사들의 방문을 받게 되었다. 서로군정서에 참여했던 주요 인사들이 정의부를 발족시키고 독판에 추대하였으나 얼마 후 사퇴하였다. 임시정부는 석주의 견해를 질의해 오자, 국민대표회의가 개최되는 것은 바른 길이라고 말하고, 수십 개의 광복투쟁단체의 통합에 더욱 심혈을 기울였다.

상해의 인사가 분규가 일어남을 조제調劑하기 위하여 국민대표회의를 제창함을 보고 군정서 또한 그 의논에 찬동하여 대표로 이진산李震山·김동삼金東三·배천택裵天澤 등을 회의에 참여하게 하였다. 그런데, 회의를 개시하게 되어서는 임시정부의 창조刱造와 개조改造에 관한 문제로 여러 날 동안 논쟁하여 필경에는 분열하여 파하였다.

부군은 말하기를,

"단합을 도모하려 한 것이 도리어 어그러지고 갈라지게 되었으니 본지를 크게 잃었으므로 침묵을 지키고, 구차히 따를 수 없다."

하고, 드디어 국외局外에서 중립하겠다고 선언하여 편벽되게 기울어진 뜻이 없음을 보였다.

이어 1925년 1월 길림성 목릉현에서 부여족통일회扶餘族統一會가 개최되고, 그 해 3월 10일 영안현 영안성에서 신민부新民府가 결성되었다.

신민부는 김좌진·최호·박두희 등이 이끈 대한독립군단과 김혁·조성환 등이 주축이 된 대한독립군정서, 각 단체 대표 및 여러 지역의 민선 대표와 국내의 단체 대표들이 참여하였다.

대한민국 임시정부가 들어선 지 5년여 만에 만주지역의 수십 개 광복투쟁단체는 압록강 대안의 참의부, 길림성 일대의 정의부, 북만주의 신민부 등 3부로 통합되기에 이르렀다

석주는 정의부 독판에 추대되었으나 내려놓았다. 광복투쟁단체의 통합을 주장하면서 자신이 특정 단체의 직을 가지고 있다는 게 통합에 방해가 된다고 보았기 때문이었다.

# 임시정부 국무령에 취임하고

1921년 4월 북경의 군사통일회가 국민대표회 소집을 요청하자 국내외 광복투쟁단체 대표들이 참석한 가운데 약 보름 동안 열렸다. 이승만 대통령이 미국에 위임통치를 청원한 사실을 성토하자, 이승만을 옹호하는 사람들과 논쟁이 극렬하였다. 군사통일회는 회의와 토론을 거듭한 끝에 대한민국 임시정부 임시의정원을 취소하고 국민대표회의로서 대체할 것을 요구하는가 하면, 4월 27일에는 임시정부의 해체를 요구하는 결의문을 채택하기에 이르렀다.

그 해 5월 6일 석주는 액목현에서 광복투쟁을 벌여 온 서간도 지도자들을 모아놓고, 이승만의 위임통치론에 대하여 부당함을 말하며, 서로군정서는 임시정부를 탈퇴한다고 선언하였다.

> 연경회의燕京會議가 투지 다시 떨쳐
> 성토문 전달하매 옹호 당黨 미친 듯 고함친다
> 한 번 물어보자 위임통치 청원이
> 이웃나라 의지해 보호받는 것과 무엇이 다르냐

석주는 이승만의 위임통치를 주장한 것이 조선총독부에 의해 국내 각지에 뿌려진 사실에 대하여 분노하며, 이승만의 사퇴권고안에 서명해서 상해로 급히 보냈다.

4월 3일(양력 5월 10일-필자 주) 남공선南公善이 이승만과 정한경鄭漢

卿에 대한 성토문 한 장을 가져와 보였다. 서명란에 강경문姜卿文·
김창숙金昌淑 이하 54명이 서명하였다.

그 후부터 석주를 따르는 서간도 지역의 지도자들은 임시정부의 처사에 대하여 매우 못마땅하게 여겨 독자적인 행동을 하면서 심지어 대한민국 임시정부의 연호를 쓰지 않고 '단군기원'을 사용하였다.

한편, 군사통일회는 임시정부를 해체하고 조선공화정부를 수립할 것을 결의한 후 석주를 대통령으로 추대하기에 이르렀다. 이와 관련하여 조선총독부 경무국장이 일본 내각총리대신에게

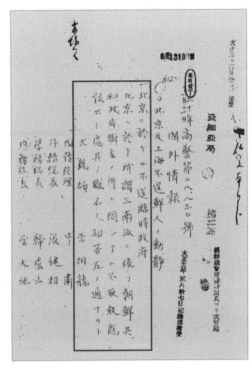

상해의 대한민국 임시정부와 관계없이 새로운 '조선공화정부'라고 하였고, 대통령에 이상룡이 추대되었으며, 내각의 명단이 나와 있다.

보고한 기밀문서 「북경 및 상해 불령선인의 동정」(고경高警 제28830호)에는 석주를 조선공화정부 대통령으로 하고, 내각의 명단이 나와 있다.

북경에서 이른바 삼남파三南派에 의한 조선공화정부朝鮮共和政府 수
립의 건에 대해서는 이미 즉각 보고하였는 바, 그 직명과 인물 등은
아래와 같음
　　대통령　　이상룡
　　국무총리　신숙
　　외무총장　장건상
　　학무총장　한진산
　　내무총장　김대지
　　재무총장　김갑
　　군무총장　배달무
　　교통총장　박용만


　석주는 1921년 봄부터 여름까지 북경에 체류하면서 이들과
함께 광복투쟁단체의 단합과 임시정부가 나아갈 길에 대하여 논
의한 것은 『석주유고』에 많이 드러나고 있으나 조선공화정부의
대통령으로 활동한 기록은 드러나지 않고 있다.

　1921년 북경에서 군사통일회의 모임 이후 이른바 북경파와
간도·연해주 지역 광복투쟁 단체들은 임시정부를 4년여 동안
무시해 오자, 임시정부에서는 이들 단체와의 불편한 관계를 해
소하기 위해 1925년 5월 임시정부 내무총장 이유필과 법무총장
오영선 등을 만주로 파견하였다. 임시정부가 소외된 국면을 만
회하기 위해서는 만주지역 지도자들을 임시정부에 참여시켜야
한다는 의도가 깔려 있었다.

　임시정부 국무원들이 만주지역에 와서 그동안 갈등을 빚어 왔
던 문제들을 어느 정도 해소한 상태에서 정의부에서는 1925년

7월 15일 중앙행정위원회를 거쳐 중앙의회에 안건을 상정하였는데, 쉽게 결론이 나지 않았다. 여러 분야와 관련해서 논의를 거친 끝에 임시정부 최고책임자 문제로 귀착되었다. 며칠째 논의 끝에 비록 서로군정서와 정의부의 독판 직을 사퇴한 상태이지만 실질적인 지도자인 석주가 임시정부 최고책임자가 되어야 한다는 결론에 이르게 되었다. 물론 정의부가 제시한 조건은 여러 가지가 있지만 가장 큰 조건은 임시정부 기관 중 군무·재무·교통·학무·노동 분야 국무원은 점차 만주지역으로 옮겨야 한다는 것이었다.

정의부 내의 복잡한 의결 절차가 진행 중에 석주가 국무령에 추대되었다는 소식이 전보로 전해졌다. 석주는 선뜻 해답을 주지 않고 있었는데, 소문을 듣고 지도자들이 몰려 왔다. 임시정부에 참여해야 한다는 의견이 참여해서는 안 된다는 의견보다 더 많은 상황이었다. 석주는 상해로 향하기로 하였다. 임시정부 수립 7년이 지났건만 분열이 봉합되지 않고 있는 광복투쟁단체 간의 갈등을 치유하고, 민족통합을 위해 68세의 노인으로서는 마지막 기회라고 생각했기 때문이었다.

을축년(1925)에 상해의 이유필李裕弼이 정부의 사명을 띠고 만주에 건너와서 만주에 있는 단체와 협의하고 출마하기를 간절히 청하였는데 부군은 쇠노衰老한 몸이라 하여 사양하였다. 얼마 뒤에 의정원議政院에서 국무령에 피선되었다는 전보가 있었다. 노성老成한 동지들이 모두 말하기를,

"시론時論이 갈라지고 사업이 정체되었으니 잠시 나가서 정돈하는

것이 대국大局을 위해 매우 다행합니다."
하므로 억지로 길을 떠났다.


석주는 조카 문형文衡(일명 광민)과 함께 안동으로 가서 상해로
가는 함정 '애인호愛仁號'에 올랐다. .


　　가득가득 사람은 천이요 짐은 만으로 싣고서
　　일망무제의 바다 위 배가 고래처럼 달린다
　　새벽에 천진을 출발하여 사흘 만에 상해까지
　　평생에 장한 절승 이번 길이 으뜸이라


산동반도 앞을 건너갈 때 회오리바람을 만나 어려움을 겪고
상해에 이르렀다. 조카 문형은 가면서 현기증으로 쓰러졌지만
석주는 조금도 초췌한 빛이 없고 태연자약하게 담소하니 상해에
서 맞이하는 자들이 모두 감탄하였다.

석주의 막내아우 봉희의 장남
문형(1895~1945, 일명 광민光
民). 백부를 도우면서 1926년
1월에는 정의부 중앙위원 겸
법무위원장으로 취임하여 정의
부·참의부·신민부 3부 통합
을 위한 대표로 활약하였다.
(건국훈상 녹립장 추서)

## 민족통합 못하는 국무령이라면

1925년 7월 상해 대한민국 임시의정원에서 개정헌법에 따라 석주는 임시정부 초대 국무령에 선임되어 9월 24일 취임하였다.

그는 취임한 뒤 약 보름 동안 임시정부 상황과 만주지역의 광복
투쟁단체의 동향을 살펴보다가 10월 10일 국무원을 발표하였
다. 8명의 국무원 중, 김동삼 · 오동진 · 윤병용 · 이탁은 정의부,
김좌진 · 현천묵은 신민부, 윤세용은 참의부 소속이고, 이유필은
상해 교민단장으로 민단에서 경영하는 인성학교 교장이었다. 이
틀 뒤 신민부 소속의 조성환을 국무원에 선임하였다.

  조선총독부 경무국장이 기밀문서로 일본 외무성 아시아국에
보낸 기록을 보면, 석주의 국무령 취임식 전후 상황을 짐작할
수 있다.


                상해 임시[假]정부 국무령의 취임에 관한 건

  상해의 참칭僭稱 임시정부 국무령 이상룡은 올해 7월 임명된 이래
진작부터 상해에 체재하며 취임한 상태였다고 전해졌지만 실제로는
여전히 서간도의 근거지에 머물면서 제반 준비를 진행하는 한편 형
세를 관망하던 중 8월 하순 그의 조카인 이광민李光民과 함께 은밀히
반석현을 출발해서 유하현과 봉천을 거쳐 상해로 향하였으며 9월
17일 요행히 상해에 도착하여 프랑스 조계租界인 애인리愛仁里의 임
시 거처로 들어갔는데 이달 22일에는 청년동맹회의 환영회(참석자
약 50명)가 있었고 이튿날인 23일 밤에는 삼일당에서 국무령 취임
식을 거행하였다고 함.
                  - 『일본외무성기록』,「고경高警 제3462호」(1925.09.30)


  국무령제는 대통령제의 단점을 보완하기 위해서 새로 만든 제
도였다. 종전에 대통령과 국무원 간에 손발이 맞지 않아 갈등이

많았기 때문에 이를 극복하기 위해서였다. 임기는 3년으로 내각제의 총리가 아니라, 대통령제에서 이름만 대통령 대신 국무령으로 한 것이었다. 훗날 국무령제에서 주석제로 바뀌듯이 임시정부 최고책임자였는데, 국무령 아래에 국무총리에 해당하는 직책이 없고, 9명의 국무원으로 돼 있는 특이한 정부 형태였다.

석주가 9명의 국무원을 선임할 때 누구의 추천을 받았는지,

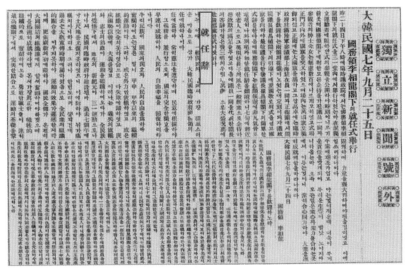

국무령 취임사 - 임시정부 기관지「독립신문」호외(1925.09.25)

누구와 협의를 거쳤는지 구체적으로 드러난 것은 없지만 보름이라는 기간은 결코 짧은 기간이라고 볼 수 없고, 석주의 삶의 궤적으로 보아 매우 신중하면서도 과감했기 때문에 상당한 절차를 거쳤고, 자신감을 가지고 선임했던 것으로 판단할 수 있다.

그런데, 9명의 국무원은 아무도 취임하려고 하지 않았다. 정의

부 소속의 지도자들의 불응은 중앙행정위원회와 중앙의회 간의 절차상의 충돌 때문이었다고 하더라도 신민부와 참의부 소속의 국무원은 참여해야 했다.

당시 만주 동포사회의 분위기를 살펴보면, 임시정부 요인 간의 분쟁이 계속되던 상해보다 만주에서 광복활동을 전개해야 한다는 입장에서 볼 때, 만주에서 활동하던 지도자들의 임시정부 진출이 달갑지 않을 수 있었다. 더구나 정의부는 서로군정서-통의부-정의부로 연결되는 인물이 주축을 이루고 있었는데, 서로군정서 시절에는 1921년 이승만의 위임통치론 이전에는 임시정부를 옹위했지만, 그 후부터 비판적 자세를 취했고, 통의부 시절 특히 1923년 국민대표회의 결렬 후부터 정의부에 이르러서는 임시정부의 가치를 그들 정의부보다 낮고 규모도 작은 것으로 평가하고 있었다.

그러나 신민부나 참의부 소속 등의 사람들조차 국무원 취임에 응하지 않은 것은 지역적인 문제뿐이었을까 하는 의문에서, 근본적인 이유를 찾아보아야 할 것이다.

그 이유로는 첫째, 임시정부의 권위가 정의부를 포함한 이른바 3부의 위상에 비해 높게 평가하지 않고 있었던 점은 공통적이었다고 볼 수 있고, 둘째는 임시정부는 의정원의 결의에 의한 '독립공채'에 의존하여 살림살이를 해야 하지만, 그에 비해 3부는 탄탄한 지역적 기반으로 물적 자원에 큰 어려움이 없었고, 셋째는 그 해 6월 11일 이른바 '미쓰야협정'으로 인하여 비록 동삼성이 아니더라도 언제 그런 협정으로 신변에 위험이 닥칠지

우려되었기 때문으로 추정해 볼 수 있겠다.

참의부 소속 군인들

당시 조선총독부 경무국장 미쓰야三矢宮松는 중국 동삼성 지배
자 장작림과 협정을 맺어 만주에서 광복활동가를 체포하면, 반
드시 일본 영사관에 넘겨야 하고, 일본은 그에 따른 상금을 지
급하며, 그 상금 중의 일부를 체포에 공을 세운 사람에게 주도
록 규정한 것이었기에 당시 지도자들은 현상 수배자처럼 위축된
분위기가 상당히 작용했을 것으로 볼 수 있다.

그런데, 그 해 12월 3일 임시정부 외무차장을 역임한 여운형
이 상해에서 박희곤·박영호·김필열 등 7인에게 쇠몽둥이와 벽
돌로 머리를 맞아 기절하는 사건이 발생하였다. 박희곤은 상해
한인사회의 치안을 위해 조직된 정위단의 단원이자, 참의부 교

육위원이었다. 석주가 선임한 국무원 9명 중에서 정의부와 신민부 소속은 7명인데 비하여 참의부는 1명뿐인 것에 대한 불만이 표출된 행동이었다고 하니, 상해뿐만 아니라 광복활동을 하던 지도자들 사이에서 임시정부의 처사를 비난하기에 이르렀다.

> 서양사람 제작한 삼층의 철갑선
> 깊숙하기 고래등 기와집이요 따스하긴 털 담요라
> 바다엔 바람 우레 뒤흔들어 분탕치고
> 하늘엔 이내 안개 빗겨 뻗쳤는데
> 바다 밖 붕정은 푸른 구만리요
> 선창가 학발은 흰 삼천장이라
> 주위 분들 너무 위험하다 말하지 말라
> 한 번 호연지기 토해냄도 무방하지 않을까

석주가 국무령에 취임하러 갈 때의 포부를 엿볼 수 있는 시다. 그는 극심한 혼란을 거듭하던 임시정부를 수습하고, 나아가 민족 통합을 도모하기 위해 자신의 마지막 생을 다 바칠 각오로 수륙 수 천리 먼 곳에 왔지만 더 이상 국무령에 연연하고 있는 것이 오히려 상황이 악화되고 있음을 보고 탄식하였다.

"내가 늙은 몸으로 헛된 명예에 몸을 굽히는 것은 절대 내 평소의 바람이 아니다. 그래도 이번에 몸을 한번 움직인 것은 각각의 의견들을 조정해서 통합하기 위한 것이었는데, 지금은 이미 그럴 가망이 없으니, 내 어찌 여기에 지체하랴."

하고, 국무령 직을 내려놓으니, 1926년 2월 18일이었다.

●국무원의 선임 및 해임
  -. 대한민국 7년 10월 10일에 이탁, 김동삼, 오동진, 이유필, 윤
     세용, 현천묵, 윤병용, 김좌진은 국무원으로 선임되다.
  -. 대한민국 7년 10월 12일에 조성환은 국무원으로 선임되다.

●국무령 선임 및 해임
  -. 국무령 이상룡은 2월 18일에 임시의정원의 결의로 면직되다.
  -. 2월 18일에 임시의정원에서 양기탁을 국무령으로 선임하다.
  -. 국무령 양기탁은 4월 29일에 취임치 않는다는 공함에 의한 임
     시의정원의 무효 선포로 해직되다.
  -. 5월 3일에 임시의정원에서 안창호를 국무령으로 선임하다.
  -. 국무령 안창호는 5월 24일에 취임치 않는다는 공함에 의한 임
     시의정원의 무효 선포로 해직되다.
  -. 7월 7일에 임시의정원에서 홍진을 국무령으로 선임하다.

●국무원의 선임 및 해임
  -. 국무원 이탁, 김동삼, 오동진, 이유필, 윤세용, 현천묵, 윤병용,
     김좌진, 조성환은 취임치 않음으로 해직하다. 2월 18일
  -. 김응섭, 이유필, 조상섭, 조용은, 최창식은 국무원으로 선임되
     다. 8월 18일
  -. 국무원 최창식을 내무장으로 선임하다. 8월 30일
  -. 국무원 이유필을 재무장으로 선임하다. 8월 30일
  -. 국무원 조상섭은 법무장으로 선임하다. 8월 30일
  -. 국무령 홍진은 외무장을 겸직하다. 9월 27일

         -「대한민국 임시정부 공보」제44호(대한민국 8년. 12월 16일)

# 광복 전에는 내 유골을 가져가지 마라

석주는 만주로 돌아갈 때도 조카 문형의 손을 잡고 반석현 호란하呼蘭河 집으로 향했다. 그런데 중국 손문이 사망한 후 혼란으로 북경을 거쳐 잠시 머물렀다가 마침내 귀가하였다.

석주가 귀가 후 정의부 지도자들이 방문하자, 조국광복이라는 대업을 위해 풍찬노숙도 마다하지 않으면서 작은 문제로 반목해서는 안 된다는 것을 강조하니, 얼마 후 군민대표회가 중심이 되어 정의부는 상처를 딛고 다시 일어서게 되었다.

가을달이 사람 청해 경솔히 문을 나섰다가
봄바람을 짝으로 삼아 집으로 잘 돌아왔네
산도 물도 노하는 시기가 난무하는 판국에
웃는 낯으로 맞이해 주는 건 너 꽃뿐이로다

정의부가 정상적인 활동을 하였지만, 이른바 미쓰야협정으로 인하여 한인 지도자 체포를 위한 공고문이 붙는 상황이었고, 한 사람을 체포해 가면 상금이 20원이고, 죽여서 목을 가져가면 40원을 받는 처지가 되다 보니, 중국 군경들이 앞다투어 한인들에게 죄 아닌 죄를 씌워 체포해 가기 일쑤였다. 일제는 부일배 한인을 동원하여 중국의 경찰서 및 군부대에 배치하여 한인 지도자 체포에 열을 올리는 상황으로 치닫고 보니, 자주 이사를 하게 되었다.

1928년 파려하玻瓈河로 이주하였는데, 그 해에 재중한국청년동맹이 발기되었는데, 손자 병화炳華가 간부직을 맡게 되어 곁에서 모실 사람이 없기 때문에 난처해 하니, 석주가 말하기를,

"사회에 헌신하는 사람은 집안 일로 정신을 분산되게 하는 것은 마땅하지 않다. 사소한 곤란은 내가 스스로 인내할 것이니 갈지어다."

하였다. 청년동맹원이 내방하여 일을 의논할 적에는 사람이 집안에 가득차고 혹 잠자리가 불편할 지경에 이르렀으되 태연히 여기고 시름겹게 여기지 않았다.

이병화(1906~1952) 지사는 석주의 손자로 6세에 간도로 들어가서 통의부, 한족노동당, 재중국한국청년동맹에서 활약하면서 무장투쟁을 전개하다가 피체되어 신의주지방법원에서 징역 7년형을 받고 옥고를 치렀다. 부인은 왕산 허위의 사촌형 범산 허형의 손녀 허은 여사이다.

얼마 뒤에 중국 관헌이 재중한국청년동맹에 의심을 가져 검거가 잇따르고 석주에게까지 미칠 염려가 있었다. 길림 북쪽이 산은 그윽하고 토지는 기름지며 약초를 캐고 낚시질하기에 모두 적합하다는 말을 듣고 드디어 옮겨갔다. 처음에는 세린하細鱗河 언덕에 머물다가 이듬해에 소과전자燒鍋甸子로 이주하였다.

그 해 봄에 조카 형국衡國(1883~1931)의 부음을 듣게 되었다.

채 쉰 살이 되지도 않았는데, 신흥학교를 거쳐 김동삼의 백서농장에서 힘겨운 훈련을 거쳤다. 석주가 부민회와 신흥학교 운영을 위해 매부와 아들·조카를 함께 국내로

석주가 서거한 곳 - 서란현(현 서란시) 소과전자촌

보냈는데, 아들은 전답을 팔아서 일찍 돌아오고, 매부와 조카는 동지들을 모아 '신흥사新興社'라는 단체를 만들어 경기·충청·경상도 지방을 다니면서 군자금을 모으다가 일경에게 함께 피체되어 5개월 동안 미결수로 있으면서 모진 고문을 당한 끝에 서대문감옥에서 7월형을 받고 옥고를 치렀던 것인데, 조카는 결국 저세상으로 가게 만든 것이었다.

고향을 떠나 온갖 고생을 하면서 조국광복을 위해 황무지를 개간하고, 신흥무관학교를 세워 인재를 길러낸 지 얼마 안 되어 백하를 저승으로 보내고, 아직 한창일 나이의 조카마저 보내고 나니 비통하기 이를 데 없었다. 그때 하얼빈 인근으로 이사를 갔던 매부 박경종朴慶鐘(1875~1938, 초명 禹鐘)이 인편으로 고기와 채소를 보내온 것이다. 석주는 떨리는 손으로 붓을 들었다.

1931년 6월(음) 석주가 매부 박경종에게 보낸 편지

　편지의 서두에 '손을 끌고 강을 건너며 생사를 함께 하자던 마음의 맹세'를 했던 당시를 회상하면서 현재 이국땅에서조차 서로 떨어져 지내는 안타까운 심정을 토로하였다. 그리고 당시 74세의 노쇠한 자기를 위해 고기와 채소를 보내준 고마운 마음에 대한 감사의 마음을 전했다. 그리고 조카 형국이 내지(안동)에서 광복활동을 하다가 세상을 떠났는데, 손자도 일본 경찰에 쫓기는 상황 등 당시 석주를 비롯한 그의 일가족에 대한 근황이 함께 드러나고 있다. 또 이국에서는 고국에서와 같은 편안한 일상을 기대할 수 없고, 오로지 긴장되는 감시망 속에 살아가야 하는 현실에 대하여 한탄하고 있다.

　그 해 9월 일본이 만주사변(중국에서는 '9·18사변')을 일으켜서 군사를 출동하여 봉천과 장춘을 함락하고 얼마 뒤에 길림마저 함락되었는데, 김동삼을 비롯한 한인 지도자들이 마침 길림에서 회의하다가 길림이 함락되었다는 소식을 듣고 사방으로 흩어졌

김동삼 의사의 가족사진 – 김동삼 의사가 신의주형무소에 있을 때 가난하여 가족이 모두 면회를 가지 못하고 그에게 보여주려고 찍은 가족사진. 가운데 아내 박순부 여사, 두 아들과 며느리, 손자녀이다.

으나 일송 김동삼이 피체되었다는 소식을 들은 석주는 큰 충격에 빠졌다. 지난해에 아끼던 동우 이탁이 저세상으로 갔다는 소식에 며칠 동안 식음을 전폐했는데, 또 아들처럼 여겼던 일송마저 피체되었으니, 누가 광복단체를 이끌어 갈 것인가를 근심하고 분개하여 잠을 이루지 못하는 것이 병이 되어 병상에 눕게 되었다.

  얼마 뒤에 중국 패잔병이 집 근처에 다가와서 소란을 피우는

데 그치지 않고, '한국 사람이 일본의 앞잡이가 되었다.'고 생각하여 더욱 괴롭히고 행패를 부렸다. 그 지방 한 사람이 석주에게 평소 흠모해 오던 터라 장령將領에게 달려가서 석주를 위해 사정을 말하되, 비유를 써가며 조용히 말하여 물러나게 하고, 또 산속의 조그마한 집을 빌려 주어 이주할 수 있게 하였다. 열흘 남짓 동안 조용히 조리하였으나 증세가 점차 위독해지므로 부득이 철수하여 예전에 살던 집으로 돌아왔다. 그 뒤로부터 약물을 물리치고 미음을 드시는데, 음식을 드실 적에 반드시 부축해서 드시되 일정한 양을 어기지 않았다. 병고를 겪은 것이 전후 5개월이 되었으나 아파하고 괴로운 빛을 나타낸 적이 없었다.

이상동(1865~1951, 일명 용희) 지사는 임청각을 지키며 집안을 돌보다가 3·13 안동만세시위 주모자로 피체, 1년 6월형을 받고 옥고를 치른 후 간도로 와서 형 석주를 도왔다.

중제仲弟(이상동, 일명 용희)가 병환의 소식을 듣고 만리 길을 와서 문안하고 막내아우(이봉희, 일명 계동)도 아성현에서 위험을 무릅쓰고 달려왔다. 석주는 손을 잡고 위로하며 말하기를,

"인생은 다할 때가 있는 것이니 무슨 개의할 것이 있겠는가. 다만 피맺힌 한을 풀지 못하였으니 장차 어떻게 선조의 영혼에

사죄하겠는가.”

하였다. 이진산李震山이 와서 뵙고 울며 말하기를,

“나랏일이 그지없으니 선생께서 어떻게 가르쳐 주시렵니까?”

하니, 석주가 말하기를,

“변변치 못한 사람으로서 외람되이 제군들의 추천을 받아 조그마한 공로도 없었는데 병이 이미 이에 이르렀으니, 마침내 눈을 감지 못하는 귀신이 될까 두려우므로 참으로 마음이 아프네. 원컨대 제군들은 외세 때문에 스스로 기운을 잃지 말고 더욱 면려를 가하여 늙은 사람이 죽을 때의 소망을 저버리지 말게. 우리 사람들이 귀중하게 여기는 것은 성실뿐이네 진실로 참다운 성실이 있으면 목적을 달성하지 못함을 어찌 근심하겠는가.”

하였다. 아들 준형에게 명하기를,

“너도 늘그막에 이르렀고 또 병들어 있으니, 과도하게 슬퍼하지 말라. 부모 초상은 자식으로서 마땅히 자신의 모든 힘을 다 기울여야 하지만, 가난하면 예를 행할 수 없으니, 모름지기 절약을 위주로 해야 할 것이다. 내가 만주로 온 이래로 항시 중국 옷을 입은 것은 그들의 동정을 얻기 위함이었지 좋아하였던 것은 아니다. 심의深衣는 옛날의 예복이지만, 우리의 국가 제도인 주의周衣만 못하다.”하고, “국토를 회복하기 전에는 내 유골을 고국에 싣고 돌아가서는 안 되니 우선 이곳에 묻어두고서 기다리도록 하라. 너는 네 어머니를 모시고 돌아가는 게 좋겠다.”하고, 아들 준형에게 유계를 적게 한 후 세상을 떠나니, 임신년(1932) 6월 5일(음력 5월 12일)이었고, 향년 75세였다.

석주의 서거 소식은 삽시간에 퍼져 한족이 거리에서 곡하고 시장에서 조문함이 천릿길에 서로 이어졌으며, 경성과·봉천, 일본의 각 신문이 모두 국무령의 서거를 일제히 보도하였다. 하나뿐인 아들과 며느리는 소과전자촌이 외진 곳이어서 혐의쩍게 여겨 길림 근처에 임시로 모실 계획으로 장례행렬이 남쪽으로 향했다. 그런데, 가는 도중에 마적들이 나타나서 상여를 약탈하고자 행패를 부리는 바람에 되돌아와서 우거하던 집 뒤에 장사지냈다.

이탁(1889~1930) 의사가 숨지자 임시정부와 동포들은 사회장으로 엄수함.

2년 전 일송 김동삼과 함께 석주를 극진히 따르던 동우 이탁이 급서하여 상해에서 장례를 치렀는데, 임시정부가 사회장으로 하여 한인들이 많이 모여 장례를 치렀기 때문에 또 그런 일이 생길 것을 염려하여 일제가 마적들로 하여금 장례 분위기를 망치게 했던 망동이었다고 본다.

석주의 유해는 무인년(1938)에 조카 문형(일명 광민)이 아성현 취원창으로 이장하였다. 광복이 되어 고국으로 왔다가 수십 년 동안 유해를 모셔올 수 없었다. 남북이 분단된 상태인

데다가 이념충돌로 인하여 중국 땅으로 들어갈 수조차 없었다. 게다가 아들 준형은 3년상을 치른 후 석주의 유언대로 모친을 모시고 귀국했으나 곧 모친이 별세하고, 자신도 광복되기 3년 전에 "하루를 살면, 하루의 부끄러움만 더할 뿐"이라는 유언을 남기고 자결하고 말았다.

광복이 되었지만 흩어져 살던 가족들 가운데 절반가량이 이국땅에 묻힌 상태였다. 손자 병화도 고문의 후유증으로 47세의 나이로 저세상으로 가고, 자녀들 중 일부는 고아원에서 지내게 되었으니, 유해를 운구해 올 엄두가 나지 않았다.

1990년 비로소 정부가 나서서 유해를 운구하여 대전현충원에 모셨다가 서울현충원 임시정부요인묘역에 안장하였다.

# ◑ 석주 이상룡 삶의 발자취


1858년 11월 24일 아버지 승목承穆과 어머니 안동 권씨의 장남
　　으로 임청각에서 태어남.
　　　　* 임청각(보물 제182호, 경북 안동시 법흥동 20)

1871년 집안의 평담平潭 이전李銓 문하에서 사서를 비롯한 모든
　　경서를 두루 공부하였고, 과거시험 공부를 시작함.

1872년 의성 김씨 우파愚坡 진린鎭麟의 장녀 우락宇洛과 혼인.

1873년 부친상을 당함.

1875년 장남 준형濬衡 태어남.

1876년 서산西山 김흥락金興洛 문하에서 수학.

1886년 봄 경과정시慶科庭試 응시, 탐관오리들의 부패로 인해 낙
　　방하자 전국을 유람한 뒤 귀향. 학문에만 전념.

1894년 조부상 당함. 갑오농민봉기로 인해 도곡으로 이사하여
　　병법 연구에 몰두함.

1895년 갑오·을미 왜란과 단발령으로 스승 김흥락, 외숙부 권세연權世淵, 왕고모부 김도화金道和가 의병장으로 활약하자 거상 중이라서 집안에서 만류하였으나 의진에 군자금 제공하고 김도화 의병장과 안동의진 전략 논의함.

1899년 서산의 명을 받아 대산 이상정이 지은 『퇴도서절요』를 복간에 참여. 서산의 타계에 3개월 가마복加麻服 입음.

1902년 5월 12일(음력 4월 5일) 모친상. 별세 전 7개월 동안 지극정성 다함.

1905년 을사늑약 후 차성충車晟忠, 김상태金尙台, 이규홍李圭洪 등과 거의 준비. 무기구입과 가야산 진지구축 위해 매부 박경종朴慶鍾과 1만 5천금 제공 후 가야산에서 약 2년 동안 산채 생활함.

1907년 안동 협동학교 설립에 앞장섬.

1909년 2월에 의병활동 관련 안동경찰서에 구금되었으나 지역 주민들의 항의로 풀려남. 3월부터 대한협회 안동지회를 설립하여 애국계몽운동 시작.

1910년 「일한합방상주문」 제출한 이용구 등의 처단상소. 신민회의 황만영·주진수 등의 광복 위한 간도행 제의, 수락.

1911년 2월 3일(음 1월 5일) 서간도로 출발, 2월 25일(음 1월 27

일) 가족들과 합류 도강. 5월 11일(음 4월 13일) 통화현 영춘원 도착. 경학사 설립. 6월 10일(음 5월 14일) 옥수수 창고 빌려 신흥강습소(초대교장 이동녕) 개교.

1912년 자치기관 부민단(단장 허혁許赫) 결성 후 부민회로 변경, 회장. 7월 20일(음 6월 7일) 통화현 합니하에 부민회 산하 본과 4년제, 속성반 6·3개월 과정의 신흥학교 준공.

1913년 부민회 산하 신흥학교장 여준 취임, 『대동역사』 저술,

1914년 통화현 팔리초八里哨 소백차小白岔에 농장으로 위장한 특수부대인 백서농장白西農莊(장주 김동삼) 설립

1918년 김교헌 등 39인(부민회 소속 11명)과 함께 「대한독립선언서」에 서명 후 광복전쟁 준비에 박차를 가함.

1919년 정초 무기구입 위해 김경천 등 14명 연해주 파견. 3월 중 다량의 무기 학보. 5월 서간도 자치기관 부민회 해체 후 한족회 발족. 한족회 예하 군정부 수립 후 총재 추대됨. 임시정부와 협의, 11월 군정서(독판 이상룡)로 변경. 5월 31일 군정부 산하 신흥학교를 유하현 고산자로 옮겨 신흥무관학교로 변경 개교. 본교는 2년제 고등군사반, 분교는 초등군사반과 3·6개월 각 일반·간부후보 과정 10월 대한군정부(총재 서일), 12월 임시정부로부터 군정서 승인되어 대한군정서(북로군정서 통칭)가 됨.

1920년 7월 서로군정서 산하 신흥무관학교 중국 당국으로부터 강제 폐교됨. 사령관 이청천(본명 지청천) 교직원과 생도 등 300여 명의 교성대敎成隊 구성, 안도현 내도산(백두산 부근)으로 이동. 청산리전투 때 서로군정서 직할대인 의용대 900여 명과 함께 홍범도부대, 북로군정서 김좌진부대 등과 합세하여 승리함.

1921년 서로군정서 독판으로서 북경으로 가서 박용만, 신숙 등과 군사통일회 개최. 군사통일회가 '조선공화정부' 대통령으로 추대함. 반일무장단체의 통합 노력함.

1923년 상해에서 국민대표회의가 개최되자 김동삼, 이진산, 배천택 등을 서간도 대표로 파견함.

1924년 남만주 반일무장단체을 총괄할 정의부 독판으로 추대되었으나, 3부 통합 위해 사임.

1925년 9월 24일 대한민국 임시정부 초대 국무령에 취임.

1926년 2월 18일 국무령 사임.

1928 일제와 중국의 미쓰야협정으로 거처를 자주 옮김. 파려하玻瓈河로 이주하고 손자인 병화炳華를 재중한국청년동맹의 간부로 보냄.

1932년 6월 15일(음 5월 12일) "광복을 되기 전에는 내 유골을

가저가지 말라"는 유언을 남기고 중국 길림성 서란현舒蘭
縣 소과전자燒鍋甸子에서 서거.

1938년 조카 문형文衡, 하얼빈의 취원창聚源昶으로 유해 이장.

1990년 유해 환국하여 국립대전현충원에 이장.

1996년 유해 국립서울현충원 임시정부요인묘역으로 안장.

# ◑ 찾아보기

김좌진 8,160~165,175,176,181, 199,200,206,210,211,218,223, 236
김준 188
김준모 57
김진린 21,233
김진호 147,210
김진화 21,27
김창간 169,170
김창무 166
김창수→김구
김창환 127,135,136,143,202,203, 207
김필 201
김필락 139
김하락 63
김학만 163
김현준 87,89
김형식 119,122,124,147,148,183
김호준 33,65
김홍집 40,45
김환 156
김효락 76,111
김후병 96
김흥 143
김흥락 10,24,25,27,34~36,50,51, 54,68,233,234